广东省自然科学基金项目"农地流转的技术进步率效应测度与提升路径研究——来自粤东西北地区农户的实证"（项目编号：2018A0303130027）
国家自然科学基金面上项目"农地流转促进农业转型升级发展：农业TFP中介作用与'三变革'出路"（项目编号：71973042）

经济管理学术文库·经济类

农地流转对农业全要素生产率的影响研究

A Study on the Impact of Agricultural Farmland Transfer on
Agricultural Total Factor Productivity

杨佳利　匡远配／著

经济管理出版社
ECONOMY & MANAGEMENT PUBLISHING HOUSE

图书在版编目（CIP）数据

农地流转对农业全要素生产率的影响研究/杨佳利，匡远配著 . —北京：经济管理出版社，2022.3

ISBN 978 – 7 – 5096 – 8370 – 5

Ⅰ. ①农…　Ⅱ. ①杨…　②匡…　Ⅲ. ①农业用地—土地流转—影响—农业生产—全要素生产率—研究—中国　Ⅳ. ①F323.5

中国版本图书馆 CIP 数据核字（2022）第 050267 号

组稿编辑：张　昕
责任编辑：郭　飞
责任印制：张莉琼
责任校对：王淑卿

出版发行：经济管理出版社
　　　　　（北京市海淀区北蜂窝 8 号中雅大厦 A 座 11 层　100038）
网　　址：www. E – mp. com. cn
电　　话：（010）51915602
印　　刷：唐山玺诚印务有限公司
经　　销：新华书店
开　　本：720mm×1000mm/16
印　　张：12. 25
字　　数：210 千字
版　　次：2022 年 4 月第 1 版　　2022 年 4 月第 1 次印刷
书　　号：ISBN 978 – 7 – 5096 – 8370 – 5
定　　价：88. 00 元

前　言

　　近年来，我国农业生产取得了很大的成就，2020 年全国粮食总产量 66949 万吨（13390 亿斤），创历史最高水平，但是增速却有所下滑。在农业转型时期，我国农业如何才能保持持续稳定的增长？学术界普遍认为提高全要素生产率及其对农业经济增长的贡献份额是农业长足发展的保证。农地流转是农村人口向城市转移和城乡一体化背景下资源优化配置的市场与制度选择，2018 年我国农地流转率达 38.92%，同期中国农业全要素生产率对农业经济增长贡献的年均增速达1.58%。农地流转推动了农业经济增长被广泛认同。然而，据《中国农村经营管理统计年报》数据显示，截止到 2018 年底，我国经营 10 亩以下农田的小农户比率高达 85.32%，我国农业实现机械化和规模化仍任重而道远。

　　基于现实问题的紧迫性，本书聚焦于农地流转与农业全要素生产率之间的关系，遵循"提出问题—分析问题—解决问题"的研究范式，旨在回答下列问题：①我国农地流转运作现状如何？②近年来，我国农业全要素生产率如何，是由哪个因素驱动的？③农地流转对农业全要素生产率的影响机理是什么？④农地流转对农业全要素生产率存在何种影响，影响是否存在区域差异？⑤农地流转的经济增长效应如何？农业全要素生产率是否发挥了中介作用？本书将从理论和实证两方面具体展开。

　　在理论方面，界定了相关概念；探讨了自改革开放以来我国农地流转制度的阶段性变化；基于现有理论基础，从农业全要素生产率的四个分解指数层面分析了农地流转对农业全要素生产率的影响机理。在实证方面，基于 2005～2018 年《中国农村经营管理统计年报》分析了我国农地流转实际运作情况；使用 HMB指数法核算并分解了我国农业全要素生产率；实证检验农地流转对农业全要素生产率的影响并分类检验了这种影响的区域差异；农地流转对农业全要素生产率的影响最终还是要传导到农业经济增长问题上。进一步地，借助中介效应模型，以农业全要素生产率为中介变量考察农地流转对农业经济增长的直接效应和经由农业全要素生产率产生的间接效应。

经过系统的理论分析与实证研究，本书得出以下结论：①我国农地流转制度进入了规模推进阶段，农地流转范围在增大，增速在下滑，流转中的小农复制现象依然十分明显。②2005～2018 年，中国农业全要素生产率总体处于增速下滑的正向增长状态，规模效率是农业全要素生产率的主要推动力，技术效率平均增长率仅为 0.62%，对农业全要素生产率贡献甚微，农业技术进步率和配置效率是农业全要素生产率的"短板"。③农地流转对农业全要素生产率有显著正向影响，二次项模型显示两者之间也存在显著倒 U 型关系。④农地流转除了对农业经济增长有直接正向影响外，还通过农业全要素生产率这一中介变量对农业经济增长产生间接正向影响，但中介效应偏低，仅占 3.6322%。

本书创新之处在于：①研究视角创新。从理论和实证两方面系统分析了农地流转对农业全要素生产率的影响，深化了农地流转经济效应的研究，拓展了研究视角。②研究理论创新。从农业全要素生产率的分解指数四个分解层面，建立农地流转影响农业全要素生产率的理论分析体系，丰富了农地流转效率理论。③方法运用创新。采用非参数 HMB 生产率指数法，测度并分解了农业全要素生产率，实证检验了我国农地流转对农业全要素生产率的影响并对分解效率的影响展开了检验，考虑到模型内生性问题可能导致结果有偏估计，本书采用了广义矩估计展开进一步估计，拓展了现有方法的应用领域。④研究结论创新。研究得出，农地流转对农业全要素生产率有显著正向影响，两者也存在显著倒 U 型关系，此研究结论是农地流转对农业全要素生产率的影响有关观点的重新认识与审视。

目　录

第1章 绪论

进入 21 世纪后，我国农业经济发展面临的问题日益突出，给农业可持续发展带来了巨大挑战。特别是分散、小规模经营的小农经济阻碍了农业分工的深化和生产潜力的发挥，成为了农业现代化的巨大障碍。如何促进农业全要素生产率持续增长，保持农业健康、稳定、持续发展，成为农业经济增长的核心议题。推动农地有效流转和发展适度规模经营被认为是改进农业全要素生产率和促进农业经济稳定增长的有效途径。本章阐述选题背景、研究目的和研究意义，提出本书的研究框架，并对研究方法以及创新点进行概括。

1.1 选题背景、研究目的与研究意义

1.1.1 选题背景

1.1.1.1 农业发展面临着巨大的环境压力

近年来，我国农业生产取得巨大成就的同时也面临着诸多环境问题。Yu 等（2020）指出，改革开放后，我国农业全要素生产率增长约占农业产出增长的 40%，农业经济增长依然高度依赖投入要素的增加，然而，依靠农业要素投入的粗犷型增长模式给农业经济可持续发展和农业经济转型带来了前所未有的严峻考验。第一次全国污染源普查公报数据显示，中国农业面源污染占污染总量的 68%~83%，农业已超过工业成为了最大的面源污染产业。粮食产量的增长对农药、化肥的依赖性增强，但是农药、化肥的利用率却偏低，直接后果是相当部分化肥和农药进入环境中造成污染，从而带来了土壤毒化、生态破坏、空气恶化、农业

面源污染加剧以及水土流失等问题，严重影响了中国农业的可持续发展。从长远来看，农业发展仍然存在较大的风险，以环境为代价的农业粗放式增长难以为继。

1.1.1.2 农业生产多重矛盾日益突出

我国农业面临的现实问题除了环境问题和农业生态问题之外，中国农业制度与市场的矛盾、生产结构矛盾等也日益突出。产能透支、成本上涨、价格倒挂、黄箱收窄等结构性矛盾随着粮食增产增收不断凸显出来。一方面，来自农业的收入比重小，农业收益难以诱致形成牢固的农业生产方式；另一方面，在缺乏效率和自生能力的农业生产方式下，农民难以获得理想且合理的收益，农民持续增收举步维艰。在社会经济与资源环境的双重制约、经济发展空间关联性与产业融合不断推进的背景下，"谁来种地"和"怎么种地"直接关系到农业未来的兴衰。在粮食增产推动下，我国已经跳出了以马尔萨斯贫困陷阱为特征的发展阶段。在经济新常态、农业供给侧结构性改革和乡村振兴的新背景下，我国劳动力正在大规模转移并迎来刘易斯转折点，中国农业发展已到达重大转折关口。

1.1.1.3 农业经济增长方式转型迫在眉睫

在高速工业化、城镇化浪潮的冲击下，我国人口红利逐渐消失，接下来需要紧扣舒尔茨内卷化阶段来思考中国农业发展的走向问题，这个路途中既面临着困境，也暗含着历史性契机。如何突破传统农业劳动要素投入过密的"瓶颈"？如何才能保持中国农业持续稳定的增长？Schultz（1964）曾提出，依靠传统经营模式实现农业经济腾飞是不现实的，只有依托现代生物、机械技术将传统农业改造为现代农业，才能实现农业全要素生产率质的飞跃，从而带动农业经济持续增长。学术界普遍认为农业的长足发展需要依靠农业全要素生产率（TFP）的提高。李克强总理在2015年就《强化中国经济新指标：提高全要素生产率》这一议题做出了重要讨论，议题指出了中国经济发展对要素投入过度依赖的问题，并指出要以提高全要素生产率为主要目标，寻找新的生产增长动力以达到经济发展常态化。2019年的中央经济工作会议也明确提出，以创新驱动和改革开放为两个轮子，实现经济高质量增长，推动社会的发展与进步。近年来中央一号文件均对转变农业发展方式做出部署。全面提高农业TFP，推动中国农业增长方式的转变，符合发展阶段变化规律，也是现实必然的要求，并且具有紧迫性。

1.1.1.4 城乡一体化进程加快，农地流转广泛推动

随着城乡一体化进程加快和农村人口向城市转移，传统家庭经营规模小、经

营分散的弊端逐渐显现，耕地面积减少和土地撂荒现象日趋严重，成为了阻碍农业现代化的重要障碍。在粮食安全和经济结构转型的大背景下，农业在三大产业角逐中的弱势地位会越来越严峻。我国现行的农村土地制度约束了专业农业大户的成长，小农经营模式的劳动力投入过密使"内卷型"农业难以得到突破，对农业社会分工和生产效率发挥造成了极大影响。在此背景下，需要我们重新审读农业生产要素"假不可分性"和农业具有产业弱质性的论断，通过专业化、机械化、技术化农业生产经营，将农业生产规模提高到适合农业机械化高效生产基本标准之上，实现传统农业向现代农业的过渡，是中国农业未来的政策方向。近年来，农地流转被认为是改善土地资源配置的创新手段，获得了政府的大力支持，在我国得到广泛推动。在制度推动下，中国流转耕地面积所占比例由 2005年的 12% 上升到 2018 年的 38.92%①。尽管如此，"大国小农"、农地经营规模过小依然约束了现代农业的发展。研究数据显示，2018 年农户经营耕地 10 亩以下的农户数仍然高达 85.32%②，大规模、中规模和小规模农户并存的状态仍将长期持续，实现现代化、机械化、规模化高效农业仍任重道远。通过农地流转实现农业向提高全要素生产率的现代农业发展模式转变是形势所迫，也是大势所趋。在农业经济增长动力和农地现状背景下，研究农地流转对农业全要素生产率的影响具有很强的现实意义。

1.1.1.5　农业全要素生产率（TFP）和农地流转效率问题的研究存在争议

基于农业增长方式的改变、农业"内卷化"与农地流转小农复制特征的现实迫切性，学术层面对农业 TFP 和农地流转效率问题展开了深入探讨。一方面，目前有关中国农业 TFP 测算研究文献不少，但结论存在较大差异：一是测算结果存在较大差异；二是农业全要素生产率驱动力存在分歧；三是地区差异导致结论不同。造成结论差异的原因主要在于变量选取、样本量和研究时期的不同。此外，不同的估计方法也导致了测算结果的差异性和对中国农业经济增长来源解释的不确定性。在农地流转大背景下，近年来中国农业 TFP 增长如何？又是由哪个效率驱动的？农地流转的规模化经营是否推动了中国农业发展增长方式发生改变？这些都值得我们深思。另一方面，近年来我国农地流转效率问题研究多集中

---

① 数据来源：根据 2005 年与 2018 年《中国农村经营管理统计年报》整理所得。
② 数据来源：根据 2018 年《中国农村经营管理统计年报》整理所得。

在单要素生产率方面，农地流转综合效率研究结论也存在较大争议，"农地流转效率改进论"与"农地流转效率抑制论"等多种研究结论并存，研究的视角也不够全面。

1.1.2 研究目的

在农地流转规模经营和农业经济增长方式转型的背景下，本书旨在回答以下问题：①我国农地流转现状如何？近年来，我国农业 TFP 如何，是由什么驱动的？②农地流转对农业 TFP 的影响机理是什么？③在流转小农户仍占绝对主体情况下，我国农地流转真的推动农业全要素生产率增长了吗？④农地流转对农业 TFP 的影响是否受到地区差异的影响，原因是什么？⑤农地流转对农业 TFP 的影响最终会传导到农业经济增长这个现实问题上，我国大力推进农地流转是为了实现农业经济增长由农业要素投入驱动向农业 TFP 驱动的转变。那么，农地流转的经济增长效应如何？农业 TFP 是否发挥了中介作用？本书将从农业 TFP 中介角度考察农地流转对农业经济增长的直接效应和经由农业 TFP 产生的间接效应及其大小。本书将从理论和实证两方面展开具体研究，通过系统深入的研究，可以正确认识农地流转在农业经济发展中的作用，对农地流转效率做出较为客观的评价，从而总结农地流转中的宝贵经验并找出不足之处，为全面促进农业的可持续发展，实现农业从传统农业向现代规模农业的转变，实现农业转型发展和推动地区农业经济协调发展提供政策参考。

1.1.3 研究意义

研究如何借助农地流转的契机加快农业发展方式转变，具有重要的意义。

1.1.3.1 理论意义

第一，有利于丰富农地流转的经济效率和农业经济增长理论。对农地流转影响农业 TFP 的机理进行了深入的理论探索，构建了农地流转影响农业 TFP 的系统性分析体系，是对现有研究的有益补充。

第二，有利于为农地流转的经济影响研究提供创新思路。将农地流转对农业 TFP 影响研究进一步拓展到农业经济增长领域，将农村土地问题同经济增长理论衔接，进一步拓展了研究视角。

1.1.3.2 现实意义

第一，有利于评估相关土地流转政策的有效性、推进城乡一体化和农村人口转移，对保障中国粮食安全也具有重要现实意义。在这种高增长的需求量和不利的禀赋条件约束下，如何实现粮食的可持续稳定增产，是如何持久保障国家粮食安全不得不考虑的问题。农业投入要素结构错配问题已经被学术界反复证实，当前新型城镇化是中国经济未来的发展方向，在要素投入受限的情况下，农业 TFP 提升在农业增产中扮演着重要角色，是农业生产增长的来源，农地流转在调整农业要素投入中起到至关重要的作用，同时也是通往现代农业的规模之路。研究农地流转的 TFP 效应，推进农业转型升级，对于保障粮食安全具有重要意义。

第二，有利于客观地评价和分析农地流转对农业生产的经济影响，为相关政策制定提供参考。规范农地流转行为从而提高农地流转经济绩效已成为新时期农村改革的重中之重。农地流转是否产生非常显著的经济绩效直接关系到农地流转能否沿着科学合理的轨道进行发展。在经过刘易斯拐点和人口红利逐渐消失的背景下，有效提高农业 TFP 是加快我国农业现代化发展所面临的核心议题。

第三，有利于促进我国现代化和农业经济增长方式转型升级。通过土地流转促进土地由小规模农户向经营大户集中，有利于实现小农户传统农业与现代农业的有效衔接，对于促进中国农业从要素投入驱动型增长向技术集约驱动型增长转变具有重要的意义。

1.2 研究动态与述评

1.2.1 国外研究动态

1.2.1.1 关于农地流转的研究

国外有关学者了解到，资本主义国家大都实行土地私有化，极少有"农地流转"这一提法。国外更习惯使用"农地交易"，不仅指所有权买卖，而且也包括租赁、置换、转让等使用权流转。两个概念具有一定的相似性。

（1）关于农地流转状况的研究。

Wegern（2003）指出，20 世纪苏联、斯洛伐克和乌克兰等国家的农地交易情况较为盛行，他对 20 世纪 90 年代俄罗斯的农地市场发育情况展开研究，特别对农户交易意愿、交易规模和存在的问题展开了系统研究。他认为，在政府引导下，俄罗斯农地交易行为较为普遍，虽然交易规模偏小，但是发展势头良好。数据显示，尤其是 1995 年，俄罗斯有近 1/4 的农户具有较强的农地交易意愿并通过农地交易市场发生农地交易行为，市场运作良好且规范，存在逐年扩大的趋势，农地交易市场的快速发展提高了农户流转土地的积极性并带动了俄罗斯的农业经济发展。Joshua 等（2004）系统研究了中东欧地区一些国家农地交易的意愿、模式和市场发育情况。研究发现，20 世纪 90 年代初，即使当地有不少农户具有农地交易意愿，但由于农民非农就业得不到保障，加上农地交易制度和价格体制没有完全确立、土地细碎化、土地经营缺乏制度化系统化的管理等约束了农业经济的发展。Vikas（2001）研究了印度南部地区农业发展的条件和农地市场发育情况发现，在实现农地私有化的地区，由于受到信息闭塞和经济条件落后等因素的制约，印度 Aurepalle 和 Orkur 两个部落农民交易土地意识不强烈、农地市场运行并不活跃，农户交易土地的意愿相当低（不足 1.7%）。Restuccia 等（2014）针对中国农地流转情况展开系统研究，指出中国农地流转的实施已经初见成效，中国粮食产量的增加得益于农地快速流转。Mathenge 等（2015）通过微观调查得出，近几年来肯尼亚农地交易较为频繁，农地交易市场逐步规范，通过市场实现农地交易将农地经营权售出的农户能从土地中解放出来，并能投身到非农劳动中获得更多的家庭收入，农户家庭收入的增加会带动当地农户消费需求的提高，对繁荣地方经济起到积极的作用。Arthi 等（2016）研究了殖民国家的农地市场，认为农地市场交易活跃可以使资源配置优化。Adamopoulos 等（2019）、Adamopoulos 等（2020）研究了马拉维和菲律宾两个国家的市场完善程度和土地配置情况，指出两者存在正相关关系。

（2）关于农地流转模式的研究。

Stig（2002）、Basu 等（2002）通过比较研究发现租赁土地是很多农民愿意选择的农地交易模式。Lyne 和 Ferrer（2006）通过对 1997~2003 年南非相关组织设立的农地银行进行调查研究发现，农地银行的设置增加了农业资本要素投入，对南非土地分配和农业机械化起到推动作用。Zvi 等（2006）指出，在经济欠发达地区，土地流转主要依靠血缘、地缘关系下的口头契约，这种土地交易方式在降低了谈判和执行的成本的同时却增加了交易双方执行口头协议的后期风险。Joshua（2003）分析了美国农地流转模式，研究认为农地流转模式不恰当必然会使农业利益受到一定影响，这在农地跨区域流转模式上体现较多。Bartelsman 等（2013）重点研究了农地交易模式对农户生产积极性的影响，认为创新的农地交易模式有利于调动农户积极性。Abay 等（2020）在研究中得出相同的结论。Štefan Buday（2018）研究了 2007～2016 年斯洛伐克农地租赁市场的价格，得出斯洛伐克农地租赁价格偏高，需要政府有效管制才能保证农地租赁模式有序和有效的结论。Jason（2020）认为，土地租赁是大多数农民获得土地的模式，欧盟成员国的土地租赁价格存在很大差距。

（3）关于农地流转影响因素的研究。

国外学者对此问题的研究侧重于农地交易后的非农就业、农地交易风险预测和政府行为等方面。Joshua 等（2004）、Zvi 等（2007）调查发现，农地交易中存在金融支持的不合理干预，制约了农地市场的良性发育并给农业经济增长带来了消极影响。也有研究发现，随着中欧地区农地产权归属意识水平提升，农户对产权明晰的欲望和产权明晰后农地投资的自主性也会大大提高（Lang 等，2014）。James（2002）通过对农地租赁的市场调查表明，农村劳动力转移和农地交易市场完善程度对农地交易有显著的影响。Tesfaye 等（2003）研究发现土地交易受制于经济、社会文化等外部因素和土地的持有者对市场风险的预期等内部因素。Joshua 等（2004）研究表明，农地租赁价格虽然受到外部条件的制约，但是市场才是决定性因素，也就是说，愿意通过农地交易市场售出农地经营权的农地供给与流转入农地的需求决定了农地交易价格水平。他们还指出，农地市场化有利于规模化经营；相反，政府部门的不恰当操作导致了中欧地区农业规模得不到提升。Zvi 等（2007）研究农地交易环节时发现存在很多成本和不确定性因素，这些因素的存在对农地配置效率提升和农户福利改进产生了不利影响。Hong 等（2016）基于问卷调查，得出区域经济发展水平、农地供需、农民年龄、农户技能、政府行为等都是影响农地交易意愿和交易实现的因素。Jiang 等（2018）基于访谈得出，农户土地流转行为受到农村金融借贷、信息交通、农业收入结构和基础设施等多重因素的影响。Jiang 等（2019）研究发现，农地数量、农民文化水平高低、集体土地总量、交通网络可用性等变量对农户农地流转具有显著正向效应。

（4）关于农地流转的经济影响的研究。

Ian（2011）认为，相对于政府对农户的转移支付来说，调整土地再分配政策的减贫效果更好。Jin等（2013）发现，体制完善的农地流转市场能够促进农民增收，能提高收入分配均衡性和减缓贫困现象发生。Keswell等（2014）通过对南非农户研究发现，农地有效再分配能减小收入差距，降低当地贫困水平。Lam等（2013）从粮食供给角度认为，农地流转后农地的非农生产用途严重制约了农业经济发展。Lin等（2016）基于微观数据分析得出农户的农地交易市场行为最终会反映到农户家庭收入水平上，农地交易刺激农业经济的原因在于它能活跃土地市场和增加售出农地农民的非农收入。但是流转制度变革的组织效应和抵押效应并不显著。Wang等（2017）研究指出，农地流转推动了新型农业主体的出现，随着农业劳动力专业化水平提升，农业生产更加有效，农民收入因此得到提升。Wenang等（2019）实证研究得出，土地交易不仅调整了收入数量还影响了收入结构，总的来说，土地交易对农户增收起着正向作用，原因在于，转入户可以通过整合农地实现机械化经营从而获得更高效率，而转出户从农地中解放出来通过参与非农劳动获得更多家庭收入，该解释与Lin等（2016）的观点基本一致。

1.2.1.2 关于农业全要素生产率（TFP）的研究

（1）关于农业TFP的测算研究。

第一种是非参数法。Tesaf等（2004）运用Malmquist指数法基于1980～2002年突尼斯小麦种植业宏观数据测算了其TFP。Khee等（2017）用Malmquist指数考察了2000～2011年东盟8个国家的农业TFP。有研究学者（Adamopoulos等，2019；Chari等，2020；Zhao，2020）基于微观研究数据，采用非参数法测算了农业TFP；Yu（2020）基于宏观面板数据，测算了中国农业TFP，研究发现农业TFP增长约占产出增长的40%。第二种是半参数法。Gong（2018）基于1978～2015年省级宏观数据，使用半参数法估计了1978～2015年的农业TFP。第三种是参数法。Moreira等（2016）采用随机前沿法对加拿大魁北克2700家奶牛场2001～2010年的农业TFP进行测算。随着社会对环境问题的关注，近年来绿色农业经济越来越受到关注，Anik等（2017）、Njuki等（2018）在测算农业TFP时也关注了这类因素，并将此类因素纳入分析框架。Robert等（2020）则将气候变量直接纳入农业TFP核算框架，采用非参数法测算了农业TFP。结果表明，与环境、气候和生态相关的农业 TFP 扩散模式和速度是全球经济放缓的决定因素。Mohammad（2020）研究得出，环境质量恶化正在消极地影响着撒哈拉以南非洲的农业 TFP。

（2）关于农业 TFP 的影响因素的研究。

在宏观层面。Fan（1991）研究得出，好的制度变革比纯粹的农业技术开发更能带动农业 TFP 的增长。Fan 等（2004）、Lin（1992）的研究表明，中国自改革开放以来农业 TFP 的改进在一定程度上归因于中国一系列的农村制度改革与创新。Fulginiti 等（1993，1997）研究发现，"二战"后许多发展中国家农业 TFP 改进受到农业税收和政府转移支付等农产品价格关联因素的影响。Marie 等（2019）研究了 2004～2012 年欧盟地区农业政策补贴对农业 TFP 增长的影响，认为只有农村制度改革与当地农业产业结构、农业投入结构等相匹配才能激发农业 TFP 的提升。Chari 等（2020）以 2003～2010 年固定观察点农户数据为基础，探讨了《农村土地承包法》的实行对农业 TFP 的影响。Ali（2012）研究发现，伊朗农业对外开放政策对伊朗的农业 TFP 具有很大影响，农业开放程度与农业 TFP 正相关。Ababte（2014）研究得出与之一致的结论。Takeshima 等（2013）、Sims 等（2016）、Bassey（2018）研究得出，交通设施水平的提高能有效提升农业 TFP。Shankar 等（2020）指出，地区经济发展水平、资本占有量、劳动力非农转移和农户预期收入对农业 TFP 具有一定影响。Salim 等（2020）研究了政府行为对农业 TFP 的影响，实证检验了财政支农、农业科研投资、农业结构调整与农业 TFP 增长之间的动态关系。Kukal 等（2020）研究得出，农业自然条件对农业 TFP 有重要影响，而有效灌溉水平提高将有效提高农业 TFP。在微观层面。由于要素市场不完全（Carter 等，2003）、耕地利用程度的差异（Chapman 等，2003）、农户异质性、组织内部交易成本、监督激励机制的差异（Eswaran 等，1985）等会对农业 TFP 造成影响。Fenoaltea（2003）研究指出，小规模细碎化生产不利于农业机械广泛使用，对农业 TFP 造成负面影响。然而，有些国家农户能发挥精耕细作的优势，不断积累种植经验，降低了这种负面影响。Chavas 等（2005）的实证研究表明，虽然很多发展中国家耕地实行细碎化、小规模经营，但并不代表当地农业 TFP 增长潜力低下。Wu（2018）发现，耕地规模经营与农业 TFP 之间存在倒 U 型关系；Goodwin 等（2004）的研究表明，农村劳动力外出务工会使农业经营出现劳动力季节性供给不足，农业技术难以在农村留守劳动力中得到推广和使用，这一现象阻碍了农业 TFP 的提升。Battese 等（1997）对巴基斯坦微观调查得出，农户获得金融贷款和融资渠道越多，政府支持力度越大，对农业技术效率提升反而越不利。然而，Chavas 等（2005）在研究中得出的结论与之相反，他在对哥伦比亚的农户的研究中发现，政府给予金融支持能刺激农户技术效率提升。Yuko 等（2020）研究了小额信贷对坦桑尼亚水稻种植技术采用和生产率的影响。Diiro 等（2018）通过对肯尼亚西部 707 个玉米农场家庭的数据研究发现，赋予农村妇女权力可以显著提高玉米生产率。

1.2.1.3　关于农地流转对生产率影响的研究

（1）农地流转效率改进论。

土地细碎使农业生产率降低，可通过开放农地流转市场促使农地在市场中自由流动，农业土地资源的重新整合和合理利用可实现农业生产效率的提升（Latruffe 等，2014；Ngai 等，2007；Bardhan 等，2008）。Banerjee 等（2002）、Goldstein 等（2008）基于微观数据得出，建立在清晰产权体制上的农村土地的再分配有利于农业效率改进；Adamopoulos 等（2014）研究得出了与之一致的结论。Alfaro 等（2008）、Philip 等（2010）认为，在健康经济体前提之下，效率高的经营主体通过市场机制可以淘汰掉效率低下的经营主体，引起农业效率发生改变。Hayami 等（1971）指出，农地交易制度为土地规模经营奠定了基础，使生产要素优化配置得到实现，农户的收益得到提升。Hsieh 等（2009）、Terry（2003）等的研究表明，通过农地交易改善投入要素配置作用是微乎其微的，农业效率提升必须建立在健全体制之上。Mark 等（2011）认为，小型农户会长期存在，不能说小农经营无效，小农也能带动农村经济可持续发展。Siyan 等（2018）认为，农地交易间接鼓励了非农生产，农地集中经营将大大提高农业技术效率。Žiga 等（2018）提出，农地转让改善了生产条件，提高了生产效率。Nachuan 等（2018）认同上述观点，同时还指出，农地流转不仅能产生社会经济效益，而且能获得更有效、更持续的资源利用水平。

（2）农地流转效率抑制论。

20 世纪 20 年代，恰亚诺夫发现农业生产中存在类似于工业生产规模保持递减的农业经营面积与效率的反向变动关系。随后，Sen（1966）、Chayanov（1986）通过对发展中国家的实证研究也发现了两者之间存在"反向关系"。Schultz 对农场规模经营效率提出质疑，提出了著名的小农行为"小而有效"理论（Comia，1985），他认为农业与工业不同，农业生产受到资源条件的约束，不可能像工业生产一样获取较高的规模效率，传统小农的小规模生产更注重精耕细作，确保产出有保障，因此是有效的。若像工业生产那样去扩大农业经营规模反而降低农户精耕细作水平和生产率。Bardhan（1973）、Benjamin（1995）和 Kinhi（2006）等也发现了这一规律并通过实证验证了上面的结论。之所以得出这样的结论在很大程度上归因于小农生产行为，小农在农地上投入的平均劳动较多，精耕细作可以提高土地生产效率。Lovo（2016）认为，农地市场化交易不可能完全解决农地细碎化问题，也不一定能带来农业生产效率的提升，可能有负面影响。地权不稳定、流转期限较短都会弱化农户对土地长期投资的动力，降低农户对土地收益的预期和农民生产积极性。

（3）其他结论。

有研究得出，土地经营规模要达到一个临界点才能产生较高的生产率，临界点是多少受到土地本身的条件、农户的经营水平等因素的影响，两者关系具有阶段性表现（Carter，1984；Barrett 等，2010）。Newell 等（1997）研究认为，检验农地规模和效率之间的关系必须考虑两者关系成立的条件，例如劳动力投入质量、经营农作物种类、土地肥沃程度的地区差异、政府财政投入和优先考虑的政策目标等因素，之后 Lyne 等（2006）肯定了 Newell 等（1997）的结论。

1.2.2　国内研究动态

1.2.2.1　关于农地流转的研究

（1）关于农地流转状况的研究。

我国农地流转以口头流转形式为主，较少农户会签订流转协议，农户的法律意识不强，流转市场不规范（张红宇，2002）。姚洋（1999）于 1998 年对国内 8 个省份农地流转情况进行调查发现，农地流转面积占比不到 4%。俞海等（2003）认为，流转政策不完善是影响我国中部地区和东部地区流转率提升速度较低的原因之一。杨德才（2002）研究指出，1960～1987 年台湾农户户均规模增加了 20%，台湾地区农地流转发展势头良好，流转比率较高。丰雷等（2013）指出，在农地流转大背景下，流转进程不断加快，如何确保流转农户在农地问题上的主体地位、有效处理流转"非粮化"和"非农化"问题、培育新型农业主体、协调农户收益分配等问题，才是政府应该重点关注的问题。钱忠好等

（2016）基于我国4个省份调查数据研究表明，近年来我国政府通过流转制度创新大大激发了农户流转意愿和积极性，农地流转已经初见成效且农户满意度较高。胡新艳等（2017）认为，我国土地使用权流转市场初步形成，但发展缓慢，不少农户通过口头协议达成流转交易，流转制度系统化和规范化能减少农户流转土地的风险。赵朝（2018）、王倩（2019）则以地方数据为例，系统研究了农地流转现状、问题和农户农地流转行为表现、外部条件和影响因素。

（2）关于农地流转模式的研究。

我国地域辽阔，各个地区的气候、经济、土地条件等均不相同，土地流转模式呈现出多样化特征，流转模式选择要重视地区差异（张曙光，2010；朱兰兰等，2016；胡新艳等，2017）。随着农地流转的市场需求增加，应探索包括转包、互换、入股等的多种土地流转模式以适应市场发展需要（张忠明等，2014；谷树忠，2009）。黄祖辉等（2008）指出，应努力探寻"散户—中介服务组织—大户"多类经营主体联合一体化的流转模式，带动各类农业主体联动，盘活流转市场。孟祥远（2012）指出，流转中应注重发展特色农业、品牌农业，借助企业农业园区契机，发展多样化现代农业和推动宅基地置换。农民自发的流转模式的结果是农地由小农流转向小农，土地细碎化问题不能从根本上得到解决，应该引导农地流向专业新型农业主体。流转价格机制没有形成会约束流转进程（张明辉等，2016；张红宇，2002），然而反租倒包土地流转模式产生的经济效益明显好于以转让、转包为主的农民自发土地流转模式（王权典等，2013）。构建新型多样化流转机制和模式能缓解经营大户资金融通的问题（郜亮亮等，2014；夏显力等，2013）。国内有研究学者指出农地流转模式可以按照引导者来分类，目前我国农地流转引导者主要有政府、集体和农户三类（于传岗等，2017）。牛影影等（2017）从产权制度和农地市场化角度深入剖析不同农地流转模式的特点与发展变化过程。翁贞林等（2015）、刘力玮（2019）则以农业经营主体为研究基础，基于黑龙江统计数据，对比研究了企业、专业大户、合作社和家庭农场四种流转模式具体实施的情况，并提出了流转模式优化的对策。

（3）关于农地流转影响因素的研究。

第一，农地产权。明晰的农地产权制度可以保证流转农户享有充分的自主权，杜绝政府或集体强制行为，促进抵押贷款、土地入股、联合耕种等多种新型流转方式，能有效提高流转效率（宋辉等，2013；叶剑平等，2008；张娟等，

2005；赵阳等，2017；韩家彬等，2019）。

第二，非农就业。张兰等（2014）、庄龙玉（2020）研究得出，农户通过流转土地从农地中解放出来，投身到非农劳动中，能获得更多的家庭收入，势必带动更多的劳动力通过流转实现非农转移，两者之间互为因果。非农就业机会的增加给农户带来相对稳定的收入来源，因此，更多的农户会选择将农地流转出去（钟晓兰等，2013；石敏等，2014）。近年来，学者开始关注农地流转市场与非农就业之间的关联耦合效应（侯明利，2013）。农业经营收益低、农地流转市场不完善、流转信息不对称、政府干预行为、农地流转价格扭曲、中介服务薄弱会约束农地流转供给与需求。

第三，交易成本。农户是否愿意流转土地取决于流转和不流转之间的比较利益，实际上是农户在现有约束条件下做出了相对最优的决策（冀县卿等，2015）。交易成本是影响农户流转决策的成本因素，交易成本过高，农户通过流转土地获得的比较利益就相对较少，农户作为理性个体，就会降低流转意愿。我国农地细碎化程度较高，特别在某些丘陵地区土地整合的难度偏高，加大了农地流转的成本，农户流转意愿偏低（洪名勇等，2015；杨成林，2014）。

第四，农户认知及行为态度。农户的认知能力水平对农地流转起到至关重要的作用（钟晓兰等，2013；曾福生，2015a；吕晓等，2017）。马婷婷等（2015）提出，农地流转政策改革中农户对政策的解读一旦发生偏离就会对农户流转行为造成严重的影响；徐美银（2014）认同上述观点，并提出减少流转环节沟通障碍并确保流转信息反馈是降低理解偏差的有效手段。薛凤蕊等（2010）认为，政策应给予农户更多的流转权益保障或更多利益以确保农户流转意愿增强。兰勇等（2020）认为，农地流转受到农户行为态度、认知水平和风险预期与控制等农户个体因素的影响。

第五，从综合角度分析。王佳月等（2018）研究指出，影响土地流转的因素很多。吴昊等（2018）的研究表明，土地流转还受到农户自身因素的影响，例如农户的知识储备、身体的健康程度、农户个人的收益、个人的非农地收入等。王亚辉等（2018）提出，土地质量、非农就业条件、地理区位、城镇化水平等是影响农地流转实施的重要因素。

（4）关于农地流转的经济影响的研究。

第一，对农业生产投资的影响。朱建军等（2011）研究得出，现代农业需要大量资本，农地流转可以刺激政府、社会资本和规模大户对土地的长期投资。政府和社会资本致力于社会公摊资本的投资，主要用于农业基础设施和信息设备的不断完善。彭继权等（2019）指出，中国农地流转实践证明，农地流入不仅大大提高了社会公摊资本投资，农户农业机械化水平也显著提高，此上升效应远超出转出户的投资下降效应，他的观点与朱建军等（2011）的观点基本一致。李姗姗等（2019）研究表明，农地流转增加了农业机械的使用频率和范围，两者存在正相关关系，农地流转对农业投资具有积极影响。

第二，对农户收入增长和分配的影响。农地是农户拥有的资源，农地承包经营使用权通过市场交易实现资源再分配，农户个人财产权价值得以实现。一方面，在是否促进增收方面。胡初枝等（2008）的实证研究表明，农地流转促进农业要素结构调整，活跃了劳动力市场，流转入户和流转出户的家庭收入都能得到一定程度的提升并能有效刺激家庭消费支出的增加和消费结构的变化。冒佩华等（2015）通过微观调查数据分析得出的结论与胡初枝等的结论一致。田欧南（2013）、张建等（2016）、钟国辉（2016）、夏雯雯等（2015）和冯应斌等（2008）通过实证研究均认为我国实施流转制度创新带来了农民收入增加和农村经济的繁荣。然而，刘淑俊等（2014）的结论与之相反，他们认为农地流转带来的收益是不稳定的，两者并不存在确定性关系。另一方面，在是否改善收入分配结构方面。农地流转使土地使用权商品化，农业要素分配方式的变革促进了要素产出分配的变动（罗江龙等，2003），这一政策变革对促进农业结构性改革和农业现代化具有突破性作用（冯炳英，2004）。柴志贤等（2016）基于杭州研究数据得出，农地流转制度创新是有效的，不仅增加了农民家庭收入，而且改变了农户家庭消费结构，更重要的是我国不会因为推进农地流转而使农户收入差距拉大。朱建军和胡继连（2015）的结论与柴志贤等的结论不同，他认为农地流转的农民收入效应存在积极和消极两个层面的影响，积极方面是农地转出和转入刺激了农户收入的增加，消极方面是加剧了分配的不均等。郭君平等（2018）、李成明等（2019）微观实证检验结果与朱建军和胡继连（2015）的研究结论一致。农地流转面临"效率"与"公平"权衡的问题。史常亮（2020）实证检验得出了土地流转显著扩大了农村居民内部收入差距、收入水平高的地区拥有更高的土地流转率的研究结论。

第三，对农村减贫的影响。刘志文等（1999）指出农地流转能在一定程度上缓解农村贫困问题，原因在于转出户通过非农化生产增加收入，而转入户通过规模农业提高农业投入。蔡洁等（2018）、夏玉莲等（2017）研究得出的结论与刘志文等（1999）的结论基本一致，但是他们认为农地流转并不会使农村特困户与非贫困户之间收入差距变小。彭继权等（2019）认为农地流转对农村贫困问题具有改善性作用，但并不能从根本上解决贫困问题，农地流转治标不治本。匡远配等（2018a）基于微观数据，测算出农地流转对贫困发生率的弹性系数为 - 0.02 且显著。

第四，对农业生产结构的影响。冀县卿等（2010）、赵翠萍等（2016）和樊帆（2009）通过系统理论和实证研究得出，我国农地产权制度促进了农业要素的流通与再分配，农地流转无论是对投入结构还是产出结构均起到积极影响。匡远配等（2016）基于理论分析结构，实证检验得出了与之一致的结论。而王凤祥等（2017）、江永红等（2017）则持相反的看法，他们认为健全的农地流转市场机制能对农业生产结构优化起到积极的作用，农地流转的实施并不能从根本上实现农业要素投入结构优化和调节农产品供求结构平衡。王善高等（2019）经过调查发现，对流转入农地的农户来说存在土地整合成本、交易成本和经营风险，改变农作物种植结构才能提高农户收益，因此农户趋利性会导致农作物结构不平衡并对粮食安全产生不利影响。

第五，对农业"非粮化"的影响。曾福生（2015b）、张藕香（2016）提出，趋于对农地收益的索取，种植"非粮"作物能得到更多利益补偿。张宗毅等（2015）、张藕香等（2016）认为，农地流转促使农户在作物种植选择上趋向理性，农业生产目标由传统的生存最大化逐步向利润最大化转变，促进了农业经济发展。调查研究得出，农民流转入土地后种植非粮作物，非粮种植能产生更多的经济收益。张宗毅等（2015）认为，中国传统农业生产以满足个人和家庭生存需要为目标，较少出现"非粮化"现象，而流转规模化经营则会改变农户的生产目标，农户通过调整农业生产产品结构，获得更多农地收益，不同农作物投入产出比存在显著差距。曾雅婷等（2018）、罗必良等（2018）基于微观调查数据研究了土地流转面积与非粮食作物种植比例之间的关系。钱龙等（2018）对 2003 ~ 2012 年数据分析发现，农地流转对农户种植结构变动有显著影响，这种影响在不同农作物之间存在差异。

1.2.2.2 关于农业全要素生产率（TFP）的研究

（1）关于农业 TFP 的测算研究。

第一种是非参数法。有学者采用 DEA - Malmquist 方法（尹朝静等，2016；李欠男等，2019；郭海红等，2020；薛超等，2020）测算了我国农业 TFP；有学者采用了 HMB 指数测算并分解农业 TFP，例如李静等（2006）、张永霞（2006）等。基于微观数据测算农户 TFP 比较典型的有李谷成等（2007）、田露等（2008）、肖望喜等（2016）、范丽霞（2017）、王军等（2019）、王璐等（2020）。第二种是半参数法。彭甲超等（2021）通过引入农业中间消耗品，利用 LP 方法对农业 TFP 进行测算；王丽明等（2020）采用 OP 法测算国家重点龙头企业农业全要素生产率，并系统分析了其区域差异和驱动因素。第三种是参数法。不少学者采用 SFA 方法（王力等，2016；李翔等，2018；展进涛等，2019；张丽等，2020）测算了我国农业 TFP。杨骞等（2019）、李健旋（2021）和郭海红等（2020）将农业生态因素考虑到模型中测算了中国农业绿色 TFP。李欠男等（2020）研究得出，考虑绿色生态因素后的实际农业 TFP 年均增长 2.30% 且地区间差异正在加大。

（2）关于农业 TFP 的影响因素的研究。

第一，在宏观层面。在制度与政策方面。林毅夫（2011）、葛静芳等（2016）研究表明，相对农业技术变革，制度变迁对农业 TFP 的贡献表现更为突出。罗浩轩（2017）的研究也表明制度变革对中国农业 TFP 改进具有重大影响。肖锐（2018）得出政府财政支农对绿色农业 TFP 的改进具有正向影响。祖立义等（2008）研究表明，1985~2005 年，自改革开放以来政府农业政策的实施提高了农业 TFP，促进了我国农业的快速发展。罗浩轩（2017）指出，农业研发投入的增加、农业技术的普及、农户教育的投资、农业税收的减少、农作物价格的提高等均对中国农业 TFP 改进具有重大影响。韦锋等（2020）研究得出，废除农业税提升了农业 TFP，这种效应具有持续性和地区差异性。在其他宏观因素方面，肖望喜等（2016）利用 Tornqvist - Theil 指数计算了中国 1980~1995 年农业 TFP，发现气候对农业 TFP 具有显著影响。韩海彬等（2015）、李宗璋（2013）通过研究分别指出农村信息化水平和农村基础设施投资对农业 TFP 具有显著影响。刘乃郁等（2018）、王亚飞等（2019）的研究均得出外商直接投资是农业技术引进的渠道，对农业 TFP 产生了正向影响。尹朝静（2019）研究得出，工业化和城镇化提高了农业机械化水平，对农业 TFP 增长产生了显著的正向影响。薛超等（2020）得出了农业机械化水平对种植业全要素生产率的提升具有显著促进作用的结论。李欠男等（2020）研究得出互联网发展显著提升了农业 TFP。李明文（2020）提出，优化农业结构有利于农业 TFP 的提升，而农业结构服务非专业化阻碍了农业 TFP 的提升。第二，在微观层面。李谷成等（2007）研究认为，农户受教育水平和农业生产技能的提高、农村网络与信息化建设的完善、农地非规模化耕种对技术效率提升有利；曹暕（2005）、于伟等（2020）实证得出农村教育人力资本和农业 TFP 之间存在互促效应。

1.2.2.3　关于农地流转对生产率影响的研究

在单要素生产率方面，第一，线性正相关（朱建军等，2011）。第二，线性负相关（孙屹等，2014）。第三，倒 U 型非线性关系（陈杰等，2017）。然而，农地流转与劳动生产率的正相关却能得到更多研究的支持（陈园园等，2015）。有学者认为用单要素衡量农业生产率不尽全面与合理，TFP 才是农业生产效率综合的科学衡量指标，研究结论存在较大争议。

（1）农地流转效率改进论。

第一，在技术效率层面。王晓兵等（2011）基于农业部固定观察点农户数据，黄祖辉等（2014）、王倩等（2015）、戚焦耳等（2015）基于微观调研数据实证研究结果均表明，耕地流转改进了农作物生产条件，对样本农户农作物技术效率有正向调节作用。高欣等（2016）、鄢姣等（2018）实证研究得出了与其一致的结论。陈海磊等（2014）、高欣等（2017）论证了这一观点，并指出该结论的前提条件是在完全市场条件下。曾雅婷等（2018）、蔡荣等（2018）和顾冬冬等（2020）研究得出，耕地流转对样本农户小麦技术效率有正向调节作用，史常亮等（2020）认为土地流转总体上显著提高了农业生产效率，但效率改进前提条件是对产权清晰和土地权利的有效保护。杨钢桥等（2018）论证了无论耕地转出还是耕地转入对农业技术效率都产生了正向影响。第二，在规模效率层面。李谷成（2009）论证了农地流转优化了农地经营规模，有效改善了农业生产要素的组合生产力。曲朦等（2019）得出了耕地转入调整了经营规模，对小麦生产规模效率有正向影响的结论。第三，在技术进步率层面。匡远配等（2016）认为，农地流转能引起资本深化，推动资本增密型技术进步。郭卫东等（2014）指出外力的驱动内化了农业技术变革，农地流转与农业技术进步之间互为因果。第四，在配置效率层面。姚洋（2000）认为，农地流转促进土地、劳动力和资本等农业投入要素在农户之间流通。朱喜等（2011）、张丁等（2007）和杨凯育等（2013）认为，农村土地承包经营权流转优化了土地资源配置，与汪建红等（2006）实证检验得出的结论基本一致。盖庆恩等（2020）研究认为，农地资源存在资源误配问题且误配的程度逐年提高，只有转向农户的土地流转才能有效提高农地资源配置效率。

（2）农地流转效率抑制论。

罗必良（2000）指出，农地流转中适度规模的"度"无法清晰界定，实际操作中难以把控，盲目扩大农地规模会对农业生产技术效率和规模效率造成负面影响，俞文博（2016）基于农户调研数据检验得出了与之完全一致的结论。贺振华（2006）认为，在高效劳动力非农就业和农业投资回报率低的背景下，农地流转并非一定有效。田传浩等（2005）、顾天竹等（2017）研究认为农地流转供给与流转需求的矛盾是技术效率提升的阻力。农村信息网络设备相对落后，加上农地流转市场不完善，容易引起农地流转市场供给与需求信息的不对称性。此外，现代农业生产要求土地集中化、规模化经营的需求与现阶段农地流转局限在小农之间的现实加剧了这一矛盾。陈训波等（2011）研究认为土地流转不利于农业技术效率的提高。韩旭东等（2020）实证研究得出了土地流转对农业技术效率有显著负向影响的结论，提升农业生产效率的关键不在于是否进行农地流转，而在于引入创新的农业生产要素或进行生产经营模式上的创新。

（3）其他结论。

匡远配等（2018b）从流转广度和深度两个层面研究了农地流转对农业技术效率的影响。匡远配等（2019）实证研究认为，农地流转对农业 TFP 的影响存在显著倒 U 型关系，朱建军等（2019）的实证研究结论与之一致。张建等（2017）研究表明，农户自发流转期限短、规模小，降低了流转入户对农地长期投资的意愿。钱龙等（2016）研究得出，优质劳动力非农就业制约了农业技术效率提升。陈斌开等（2020）指出，土地流转并没有提高平均农业生产率，只有当土地流转促进了规模化经营时，农业生产效率才能提高。

1.2.3 研究述评

以上文献为本书提供了有意义的参考，但是仍然存在以下研究空间：

第一，现有文献从多角度关注了农业 TFP 的影响因素，但忽略了一个重要因素——农地流转。同样，国内外学者聚焦于农地流转的投资、收入、减贫、产业结构、非粮化等影响的研究，对农地流转效率的研究集中在单要素层面，从农业 TFP 角度去研究农地流转的经济效应的文献并不多，现有文献尚未构建起较完整的农地流转影响农业 TFP 的研究体系。

第二，现有文献没有对农地流转的农业 TFP 效应差异性展开深入研究，也没有进一步研究存在哪些因素会制约农地流转的农业 TFP 效应的发挥。

第三，农业 TFP 的测算方法已经发展得比较成熟，已有文献多采用非参数的 DEA – Malmquist 测算农业 TFP。然而，HMB 指数法能有效避免 DEA – Malmquist 生产率指数从投入或产出角度定义函数的随意性和结果不可比性的缺陷，还能较全面解释农业 TFP 的构成，现有文献在这一方法上的应用较少。

第四，现有文献主要基于微观调研数据对农业生产率进行测量。微观截面数据时间维度的缺乏无法真实、全面地反映农地流转的时间变动趋势。此外，现有研究成果考察了农地流转对农户生产率的影响，受到样本面较小、样本容量少、成果辐射面积较小等的局限，未能评价其对中国未来农业经济转型升级的影响。

基于上述局限，本书在已有研究基础上，从农业 TFP 的 HMB 分解指数四个层面构建农地流转对农业 TFP 影响的理论分析体系并展开实证检验。从农业 TFP 这一中介角度考察农地流转对农业经济增长的直接效应和经由农业 TFP 产生的间接效应及其大小，为有效推动我国农地流转和农业经济稳定增长提供有价值的理论依据和政策建议。

1.3　研究思路、篇章结构与方法

1.3.1　研究思路与技术路线

本书在相关理论指导下，紧密围绕"农地流转对农业 TFP 的影响"这一主题展开研究，思路如下：

1.3.1.1 提出问题

基于现实背景、政策背景和国内外研究现状，提出"农地流转对农业全要素生产率的影响"这一选题。

1.3.1.2 理论分析

本书在对农地、农地流转、农业 TFP 及其分解指数概念界定的基础上，梳理了农地流转、农业 TFP、农地流转效率等相关文献与理论，为全书的研究奠定理论基础。进一步地，从农业 TFP 分解指数的四个层面构建农地流转对农业 TFP 影响的理论研究体系并提出研究假设。

1.3.1.3 现状分析

第一，归纳了农地流转制度演变历程，根据 2005～2018 年的《全国农村经济情况统计资料》中农地流转统计数据并结合相关文献资料分析出农地流转运行现状和特征。

第二，基于中国农业省级面板数据，运用 R3.4.3 软件和 HMB 指数法核算并分解出 2005～2018 年我国农业 TFP。利用经典收敛回归模型对农业 TFP 的收敛性进行检验并揭示条件收敛的影响因素。

1.3.1.4 实证分析

第一，实证检验农地流转对农业 TFP 的影响。将我国分为东部地区、中部地区、西部地区，分类检验了农地流转对农业 TFP 影响的区域差异；考虑内生性问题，将采用 GMM 模型和核心解释变量滞后一期再次检验。

第二，农地流转的经济增长效应分析——以农业 TFP 为中介变量。借助中介效应模型，从农业 TFP 中介角度考察农地流转对农业经济增长的直接效应和经由农业 TFP 产生的间接效应及其大小。通过实证检验，进一步论证研究的应用价值。

1.3.1.5 政策建议

基于研究结论，提出农地流转视角下农业 TFP 的改进措施。

图 1-1 是根据研究思路绘制的技术路线。

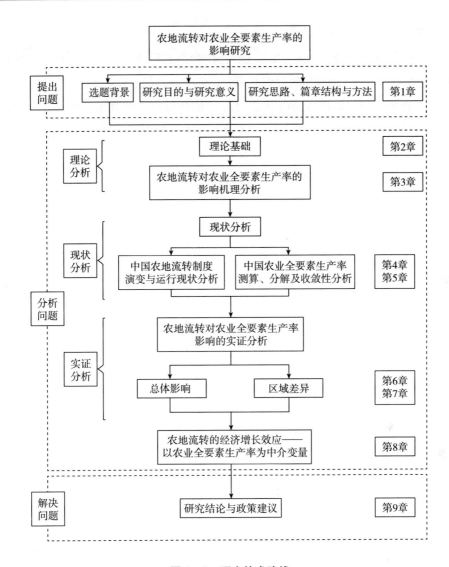

图 1-1 研究技术路线

1.3.2 篇章结构

全书共 9 章,具体安排如下:

第 1 章是绪论。首先介绍了选题背景、研究目的与研究意义;其次梳理了国内外研究文献,为本书找到突破点;再次介绍了研究思路、篇章结构与方法;最后指出了本书的创新点和不足之处。

第 2 章是理论基础。界定概念并阐述了与本书相关的理论,为后续研究奠定了理论基础。

第 3 章是农地流转对农业全要素生产率的影响机理分析。从农业 TFP 的四个分解指数层面分别论述了农地流转对农业 TFP 的影响，并基于理论研究提出研究假设。

第 4 章是中国农地流转制度演变与运行现状分析。梳理了我国从 1978 年以来的农地流转政策文件，归纳总结了我国农地流转制度演变的历程并系统分析了我国农地流转的运行现状。

第 5 章是中国农业全要素生产率测算、分解及收敛性分析——基于 HMB指数。

第 6 章是农地流转对农业全要素生产率影响的实证分析。考虑到内生性问题，采用广义矩估计对模型展开进一步检验。

第 7 章是农地流转对农业全要素生产率影响的区域差异分析。本章将我国分为东部地区、中部地区、西部地区，分类检验了农地流转对农业 TFP 的影响并分析了影响效应区域差异的原因。

第 8 章是农地流转的经济增长效应——以农业全要素生产率为中介变量。本章借助中介效应模型，从农业 TFP 中介变量角度考察农地流转对农业经济增长的直接效应和经由农业 TFP 产生的间接效应及其大小。

第 9 章是研究结论与政策建议。

1.3.3　研究方法

1.3.3.1　文献研究方法

本书查阅了大量相关文献，对农地流转对农业 TFP 的影响研究现状进行系统梳理和分析，收集文献归纳中国农地流转制度的演变规律，整理相关文献，分析、挖掘并搭建研究的理论基础，分析农地流转对农业 TFP 产生影响的作用机理，通过年鉴、统计年报等权威文献查阅并收集数据，并通过软件对数据进行分类整理。

1.3.3.2　规范研究方法

一方面，使用规范分析法研究农地流转的政策现状、实施情况和存在的问题。另一方面，在分析农地流转对农业 TFP 的作用机理时，以相关理论为基础，运用演绎和归纳的规范研究方法，分析了农地流转与农业 TFP 增长之间"应该是什么"的理论关系。

1.3.3.3 实证研究方法

实证分析中借助 Stata13、R3.4.3、Excel13.0 等统计分析工具, 综合运用现代计量经济思想和方法。具体而言: 第 5 章采用非参数 HMB 指数法对农业 TFP 进行核算和分解; 第 6 章、第 7 章采用面板计量回归模型和广义矩估计 (GMM) 对农地流转影响农业 TFP 的作用程度、作用方向和地区差异进行实证研究。第 8 章借助中介效应模型, 从农业 TFP 中介角度考察农地流转对农业经济增长的直接效应和经由农业 TFP 产生的间接效应及其大小。

1.3.3.4 比较分析方法

基于不同区域视角, 比较我国农地流转对农业 TFP 影响的区域差异, 并通过探究背后原因和影响因素, 进而为优化农地流转效率的政策建议提供依据。

1.4 创新点和不足之处

1.4.1 创新点

(1) 研究视角创新。

从理论和实证两方面系统分析农地流转对农业 TFP 的影响, 深化了农地流转经济效应的研究, 拓展了研究视角。

(2) 研究理论创新。

从农业 TFP 的规模效率、配置效率、技术进步率和技术效率分解指数四个分解层面, 建立农地流转影响农业 TFP 的理论分析体系, 丰富了农地流转效率理论。

(3) 方法运用创新。

采用非参数 HMB 生产率指数法, 测度并分解了农业 TFP, 实证检验了我国农地流转对农业 TFP 的影响并对分解效率的影响展开了检验, 考虑到模型内生性问题可能导致结果有偏估计, 本书采用了广义矩估计展开进一步估计, 拓展了现有方法的应用领域。

(4) 研究结论方面。

研究得出, 农地流转对农业 TFP 有显著正向影响, 两者也存在显著倒 U 型关系；农地流转的农业 TFP 的影响存在显著的地区差异；农地流转除了对农业经济增长有直接影响外，还通过农业 TFP 产生间接影响，农业 TFP 的中介作用显著，但影响效应偏低。上述研究结论是对农地流转对农业 TFP 的影响等有关观点的重新认识与审视。

1.4.2　不足之处

由于时间和水平有限，本书也存在一些有待改进的地方。

第一，本书用流转耕地面积/家庭承包耕地面积来衡量农地流转水平，实质衡量的是农地流转的广度（数量），对于农地流转深度（质量）这一指标，一是指标选取没有文献可供参考，二是流转经营多大面积才能算是具备流转深度（质量），也是一个具有争议的问题。受限于数据，本书也没能分析不同流转方式对农业 TFP 影响的差异性。

第二，本书基于宏观数据研究了农地流转对农业 TFP 的影响及其空间差异，但由于精力和能力的限制，本书没有从微观角度探讨不同农业经营主体（流转农户）的效率差异。下一步可以深入田间地头进行实地调研，基于农户行为、技术推广等微观视角展开研究，以确保研究的完整性和可靠性。

第三，本书基于研究理论，尽可能全面地加入控制变量来解决不随时间变化的遗漏变量所导致的内生性问题，但由于受到数据、方法、能力和时间等因素的约束，本书未能对其他可能引起内生性问题的因素展开进一步的分析。

第2章 理论基础

从理论层面厘清农地流转对农业全要素生产率（TFP）的影响，需要寻找科学的理论依据，这就是本章需要讨论的问题。本章将为后文提供理论铺垫，内容包括两个模块：相关概念的界定和相关理论。本章一方面界定农地、农地流转和农业全要素生产率及其分解指数等概念，另一方面梳理研究相关的理论。尽管无法全面地概括，但尽可能从经典理论中找到理论渊源，主要包括交易成本理论、产权与制度变迁理论、规模经济理论以及经济增长理论等。

2.1 相关概念的界定

2.1.1 农地

不同学科都有涉及"农地"这一概念，"农地"概念的界定受到不同学科背景的影响，因此具有多种诠释。一般来说，对农地的理解有两个层面：农用地和农村土地。我国法律对"农用地"和"农村土地"的概念分别进行了界定（见表2-1）。根据研究需要，本书将参考表2-1中2003年《农村土地承包法》对农地概念的界定。受到统计数据的限制，本书实证部分将针对耕地数据展开分析。

表 2 - 1 农地概念的界定

年份	政策和法规	涉及的概念	相关内容
1998	《中华人民共和国土地管理法》	农用地	直接用于农业生产的土地，包括耕地、林地、草地、农田水利用地、养殖水面等
2001	《全国土地分类》	农用地	直接用于农业生产的土地，包括耕地、林地、园地、牧草地及其他农用地
2003	《中华人民共和国农村土地承包法》	农村土地	农民集体所有和国家所有依法由农民集体使用的耕地、林地、草地，以及其他依法用于农业的土地

2.1.2 农地流转

本书将农地流转界定为：在法律指导下农户基于流转市场交易原则与其他农户或经济组织的农地承包经营权的流转。我国农地制度下农户对农地并不拥有完整的权利，农户拥有承包土地的使用权、经营权和收益处置权等权利，但农地所有权归国家或集体所有。

2.1.3 农业全要素生产率及其分解指数

全要素生产率（Total Factor Productivity，TFP）是相对单要素生产率而言的，指在生产过程中对各个资源要素组合所产生的生产效率，它是投入要素之外其他各种因素对生产效率的综合反映。全要素生产率的概念由首届诺贝尔经济学奖得主 Jan（1962）提出，他在生产函数模型中纳入了时间趋势变量来反映生产效率，然而他在生产函数模型中没有考虑非要素投入之外的知识教育等非物质生产要素对产出的影响。以 Solow（1956）为代表的学者将全要素生产率界定为扣除全部投入要素（如劳动、土地、资本等）贡献后，源自于科学技术、知识、人力资本等能正面提升经济增长的贡献，即经济增长中能较好地体现经济增长质量的不能被要素投入增长解释的部分（索洛余量），以 Hulten（2001）为代表的不少学者认为索洛余量更科学地诠释了农业全要素生产率的内涵。农业全要素生产率（TFP）是本书研究的对象之一，它是全要素生产率理论在农业经济领域的广泛应用，作为解析中国农业经济增长的一项重要工具，其计算方法被国内外学者挖掘，关于农业 TFP 的测算和分解这项内容将在第 4 章展开详细阐述。

2.1.3.1　技术效率

技术效率指的是某项技术在使用当中生产效能所发挥的程度。可以从投入和产出两个层面理解。实际操作中平均生产函数确实能测算出既定投入下的适宜产出，然而如需了解一组要素所能得到最大产出即该组要素相应的最优生产状态，则平均生产函数是无效的，只有借助前沿（边界）生产函数方能实现。真实的产出量可能会在平均生产函数的上部或者下部，但是只能在前沿生产函数下部或正处于生产前沿面上，而不会在前沿生产函数的上部。在现实世界里实际的生产情形很难达到生产前沿面最优的状态，两者之间的差距就是生产有效性差异，由于该生产有效性的前提为在特定的技术水平下，因此通常将这种生产有效性称作技术效率（EC）。为了更直观地说明生产前沿面、可行生产集合和技术效率的定义，本部分借助一个简单的生产过程予以解释说明（见图 2-1）。我们假定单一要素投入 X 生产单一产出 Y，图 2-1 中 D 曲线反映了该产业现有的技术水准的生产前沿面，即在既定投入量 X 下所能生产的最大产出 Y。由生产前沿面 D 曲线与 X 轴（包含曲线和 X 轴本身）之间围成的所有点（如 C 点、E 点、F 点、G 点、H 点）是所有可行的投入—产出组合的集合，即可行生产集合。若某经营单位投入产出关系着力在生产前沿面 D 上，则说明该经营单位具备技术效率；若对应点低于生产前沿面则说明经营单位技术无效率。如图 2-1 所示，C 点代表的经营单位显示技术无效率，A 点、B 点、H 点代表的经营单位显示技术有效，原因在于 C 点不必增加投入可将产出提高到 B 点的产出水准，或者在不减少产出的基础上将投入减少到 A 点的水准。

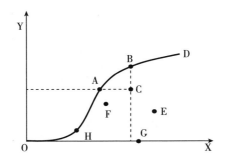

图 2-1　生产前沿面、可行生产集合与技术效率

首先讨论由投入方向测量的技术效率（见图2-2）。生产 U_0 单位的产品 Y，最优效率的情况为使用 X_1、X_2 要素组合为 U_0。现有厂商 A，生产 U_0 单位产品 Y，耗费了 a_1 单位的 X_1 和 a_2 单位的 X_2，A点与原点的连线与曲线 U_0 相交于 B点。在有效生产条件下企业 B 生产 U_0 单位的 Y 仅需要 b_1 单位的 X_1 和 b_2 单位的 X_2。通过比较得出，同样是生产 U_0 单位的 Y，所投入的要素组合是最优效率企业 B 的 a_1/b_1 或 a_2/b_2，因此企业 B 的技术效率 EC = b_1/a_1 = b_2/a_2 = OB/OA。

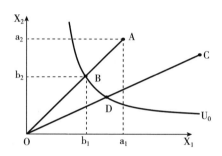

图2-2　由投入方向测量技术效率

技术效率的测量也可以从产出方向讨论（见图2-3）。假设单一投入要素 A 可以生产两种产品 Y_1 和 Y_2。曲线 V_0 表示投入 V_0 量的 X，最优效率的厂商所能生产的 Y_1 和 Y_2 组合的集合。厂商 A 在 V_0 投入下仅能生产 a_1 的 Y_1 和 a_2 的 Y_2，而最优效率的厂商 B 却能以相同的投入生产 b_1 的 Y_1 和 b_2 的 Y_2，因此厂商 A 的技术效率 EC = a_1/b_1 = a_2/b_2 = OA/OB。对于不同产品的技术效率，厂商 A 和厂商 E 在同样的投入下分别生产 a_1 和 e 的 Y_1，因此对于厂商 A 其生产 Y_1 的技术效率为 a_1/e，同理，相较厂商 A 与厂商 F，在同样投入下产出 Y_2 的数量可知厂商生产 Y_2 的技术效率为 a_2/f。值得注意的是，因为 Y_1 和 Y_2 的边际替代率递减，因此整体技术效率无法通过 Y_1 和 Y_2 的技术效率相乘获得。

2.1.3.2　规模效率

一般而言，任何组织，无论是营利还是非营利机构，均存在着最优规模，在此规模下经营获利性最高，或者说是生产效率最高。当生产规模偏小时平均成本偏高，随着规模逐渐扩大，固定成本被分摊到较大的产量上，使平均成本降低而达到最优规模。本部分依旧借助图表直观地说明规模效率的含义（见图2-4）。

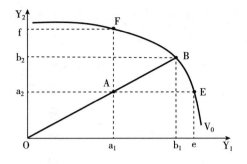

图 2 - 3 由产出方向测量技术效率

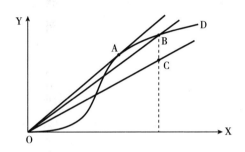

图 2 - 4 规模效率

假定某生产企业投入单一生产要素 X 生产单一产品 Y，D 为该企业生产前沿面。图中 OA、OB、OC 同为通过原点的直线斜率表示产出投入比，用于衡量决策单位的生产率。当企业生产情况由 B 点调整到 A 点时，射线与生产前沿面相切，在具有技术效率的同时，生产率进一步提高并达到了最高水平，在这一移动中提高的即为规模效率（SC）或称规模经济，A 点就是最优规模点，相较于 A 点，其他生产边界点的生产率较低，生产企业可通过增加生产规模来提高生产率。

2.1.3.3 技术进步率

上述分析并没有将时间因素考虑在内，当我们比较不同时期的生产率时，会涉及生产率变动的另一个来源——技术进步率。农业技术进步，是农业生产前沿函数的外扩。图 2 - 5 用单一的要素来进行说明。假定单一投入要素 X，当 A 从 A_0 增加到 A_1 时，表明使用同样多的生产要素，$Y = A_1 X^\beta$ 代表的生产函数能生产的产量大于 $Y = A_0 X^\beta$ 代表的生产函数所能生产的产量。或者说，对于相同的产

出 Y_1，$Y = A_0 X$ 技术需要 X_0 的要素来生产，而 $Y = A_1 X$ 技术只需要 X_1 的要素来生产，也就是节约了投入要素 X。

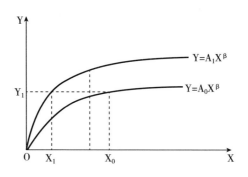

图 2-5　技术进步率

要素偏向的技术进步比较常见，下面以资本偏向为例说明这种进步（见图 2-6）。资本偏向的技术进步指的是在给定要素相对价格条件下资本/劳动比例增加的技术进步。根据 $\dfrac{\beta}{\alpha}\dfrac{K}{L}=\dfrac{w}{r}$，由于劳动和资本的经济替代率不变，资本劳动比例增加的唯一途径是 α 相对于 β 的增加。α 和 β 是弹性系数，α 相对于 β 增加意味着资本的产出效率相对于劳动提高，而效率的提高会导致企业更加愿意使用资本。图 2-6 表示资本偏向的技术进步。如果从 i_0 到 i_1 是一种资本偏向的技术进步，则后者就应该比前者更平缓，即劳动对资本的技术替代率 $MRS_{LR}=\dfrac{\beta K}{\alpha L}$ 变小，在相对价格给定的前提下，资本劳动比例由 $\left(\dfrac{K}{L}\right)_0$ 变成了 $\left(\dfrac{K}{L}\right)_1 > \left(\dfrac{K}{L}\right)_0$。

2.1.3.4　配置效率

根据 Farrell（1957）的定义，配置效率是指在产出既定的条件下通过要素投入量的调整所能达到的最小投入成本与调整前实际最小投入成本的比值。图 2-7 是投入角度的配置效率 AE，假定投入要素的价格已知，用等成本线 AA′的斜率代表两类投入要素的价格之比，那么配置效率 AE 可以表示为：$AE_1=\dfrac{OR}{OQ}$（$0 \leqslant AE_1 \leqslant 1$）。

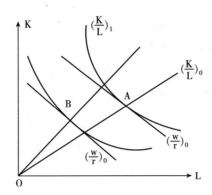

图 2-6　资本偏向的农业技术进步

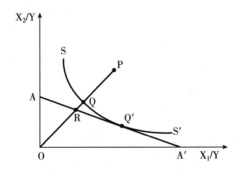

图 2-7　投入角度的农业配置效率

2.2　相关理论

2.2.1　交易成本理论

Coase（1937）在《企业的性质》中提出交易成本这一概念，指出任何交易都是建立在能达成一致协议下尽最大可能地节约成本的基础上。获取商品供需信息、谈判成本，签订合同、履行合同内容等都会产生交易成本，可以说交易成本就是使用价格机制产生的费用，市场机制下交易成本无法避免。Douglass（1994）认为，在进行交易的过程中，需要对整个交易环节付出的成本提前进行预算，包含产生收益过程前所投入的资金、在获取各种政治和贸易信息时所投入的时间和精力，交易成本是经济市场的构件。Williamson（1979）指出，不确定性、机会主义行为、小额交易以及资产专用性会造成交易成本的增加。他认为，就目前的经济市场而言，很多因素都可能导致交易成本提高，倘若市场体制无法协调要素配置，交易成本就会增加。交易成本会影响人们的获利水平。所以，在现有的经济条件下，人们期望通过完善契约制度来尽可能地减少交易费用。

2.2.2 产权与制度变迁理论

Coase（1960）认为，如果产权不清晰，社会福利则会减少。巴泽尔（1997）则认为，随着信息和技术条件的变化，产权也会逐渐走向明晰化。其目的是为了降低交易成本。我国政府近年来大力推行农地流转制度改革，在农地产权明晰问题上不断尝试与努力。制度变迁理论由 North（1990）提出，他指出之所以发生制度变迁，是为了在市场交易中最大化节约成本，获得更多的社会利益。但是对制度路径的依赖会带来完全相反的两种结果——规模报酬递增和生产效率降低。Laitner（2000）则认为科学技术能推动制度变革，降低制度成本。林毅夫（2011）认为制度变革可以分为两类：第一类是自下而上的诱致性变革，这是组织为获利自发推行的变革。第二类是自上而下的强制性变革，这是由政府外力强制推行的变革。因此，政府有责任通过自上而下的强制性变革来冲破这一"瓶颈"。原因在于发展中国家农业科研转化的商业收入风险太大，存在太多不确定性，不足以吸引私人投资者。科技研发费用高，收益回报期较长，受到资金约束和投资收益率的影响，科研投资对私人部门而言不具备充分的吸引力。所以这项支出更需要由国家来承担。

2.2.3 规模经济理论

在市场由卖方向买方发生转变过程中，企业通常都会采用增大规模这一举措来进一步降低平均成本，创造更多利润。威廉·配第和杜尔阁对规模经济做出了深入的研究，他们都认为生产中存在要素规模报酬递减。亚当·斯密在《国富论》中提到了这一现象，并以劳动分工为理论基础对此展开分析。新古典经济学的代表人物马歇尔认为经济活动中的内部规模经济通过扩大生产规模降低固定成本分摊来实现，而外部规模经济则是行业资源的整合，也就是说行业内企业既是竞争也是合作关系，企业间可以通过技术合作共享、技术扩散和资源整合实现。至于规模经营到底带来规模报酬递增还是更符合"反转"规律，学术界一直存在分歧。马克思非常认可农业规模经济，他指出投资不可分性会引起小规模生产对机器使用的抑制，不利于生产率的发挥。农地规模经营有利于释放农村剩余劳动力，通过农业基础设施完善和农业机械化经营、非粮种植进一步增加农民家庭收入和提高农业生产率。

2.2.4 农户行为理论

长期以来，学术界普遍认为农民思想落后、知识匮乏是农业不发达、生产率落后的根本原因。然而，农业经济学家 Schultz（1964）却持有不同的观点，他认为，长期以来农业能一直维持在一定水平之上，是因为农民能基于自己的经验调整农业要素配置并能积极应对市场的变化。他指出不同农民在吸收和使用技术方面存在差距，但是实质上每一个农民都是自己农业生产领域的理性经济人。他们不仅能平衡农业生产收支，还能理性权衡家庭当前和未来的消费能力，实现家庭效应最大化。之所以传统农民被定义为效率低下的农民是因为农业发展受到太多外部环境的约束。比如传统农业受制于自然环境、气候和天气变化，农民不仅缺少投资机会还缺少投资可用的资金。西蒙（1989）提出了农户有限理性的观点，农户作为决策个体在农业生产中也会受到这些不确定因素的影响，决策过程中会尽可能地降低成本、实现相对利益最大化，做出相对满意而不是最优的决策。例如，在是否将农地流转出去的问题上，农民考虑的是流转后的农地收益是否能满足自己的预期。国内外学者对于经济学的探索从未止步，然而，无论是古典经济学还是现代国民经济理论，研究内容仍然没有脱离资本主义经济体系，即在利润最大化条件下追求经济的发展这一主题。这些理论并未充分渗透到农业经济中，且农业经济并不完全符合资本主义经济理论体系，所以在研究农业生产经济时，需要结合农业地区实际。恰亚诺夫早在 19 世纪末就提出了小农思想假说，他认为，很多农户在进行决策过程中并不以追求利润最大化为最终目标，而是会考虑到如何利用自己掌控的资源达到家庭效用最大化，所以这些农民在农业经济活动中并不会考虑农业生产成本和利润的关系问题，而是从传统生活实际出发去追求生活的相对理想化，他们认为生产能满足自身家庭的需求才是最重要的。这些小农户思想非常的守旧。在家庭消费方面，除去自己消费的农产品，剩余的部分也很少考虑拿到市场上进行买卖。所以，在这种情况下，用市场价值来衡量农民的收益变得非常不合理。他总结得出，农户决策行为只能用家庭效用而不是市场经济观点来衡量。

2.2.5　诱导性技术理论

该理论的中心论点是：未来农业技术发展的方向是由农业要素资源的相对稀缺性来决定的（Yuko 等，2020）。农业要素的供需会影响农业要素价格，在农业要素价格的驱动下会出现廉价（供应充足）的农业投入品对昂贵（稀缺投入品）农业投入要素的替代。比如，当劳动力稀缺时，在市场机制调节下，劳动力成本提高，市场则会驱使新的技术变革来替代劳动这一昂贵的投入要素。土地投入要素稀缺的情况亦是如此。图 2 - 8 将对这一理论加以说明（谭崇台，2001）。

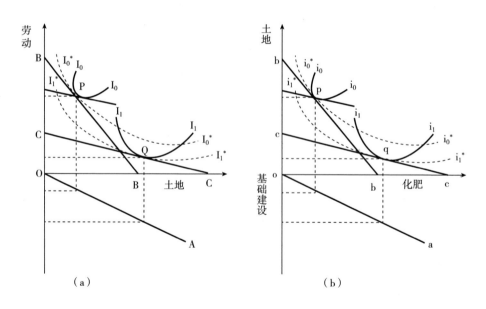

图 2 - 8　机械技术与生物技术进步发展过程

图 2 - 8（a）表示机械技术发展过程。I_0^* 是一系列等产量曲线的包络线，每条曲线都有某层次机械技术与之对应，P 点代表某层次机械化水平的曲线 I_0 与 BB 的切点，在切点 P 上生产每单位农业产出耗费的生产要素配置为成本最小（最优状态）。土地与机械动力之间存在着一定的互补关系，如图 2 - 8（a）中

OA 线所示。横轴和 OA 线的垂直距离表示的是与土地、劳动组合配置最优的机械动力投入。图 2-8 (a) 中，I_1^* 与零期相比，意味着农业生产率得到提高。假设劳动力相对于地租和机械动力来说更加稀缺，意味着地租和机械动力的价格相对于劳动力价格来说将更加廉价，土地/劳动相对价格从直线 BB 下降到直线 CC，这将会诱导一种新的机械动力的创造发明和运用，I_1 则表示与这一更高水平的机械动力技术相对应的等产量曲线。Q 点生产每单位农业产出耗费的生产要素配置达到最优状态。劳动力的稀缺诱导了这种类型的技术变化。

同样，我们用图 2-8 (b) 来解释生物技术进步过程。图中 i_0^* 代表每条曲线都有某层次生物技术与之对应，此处用农作物品种来代表。直线 bb 代表的是零期化肥/土地价格比。一个新的农作物品种研发出来对化肥反应较小，i_0 表示的是与该生物技术对应的等产量曲线。在切点 p 上生产每单位农业产出耗费的生产要素配置为成本最小（最优状态）。要实现生物技术替代其他要素则需要有配套的基础设施与之对应，所以生物技术与配套基础设施之间存在一定互补关系，如图 2-8 (b) 直线 oa 所示。在此情形下，土地要素被生物技术与配套基础设施逐步替代。图 2-8 (b) 中 i_1^* 与零期相比，意味着农业生产率得到提高。生物技术（化肥）/土地相对价格从零期的直线 bb 下降到一期直线 cc，这将会诱导一种新的、对化肥反应灵敏的、更高产农作物品种的开发和使用。i_1 则表示与这一更高水平的生物技术相对应的等产量曲线。q 是 i_1 与 cc 的切点，该点反映的是每单位农业产出耗费的生产要素配置达到最优状态。与零期农作物品种相比，一期的新品种对化肥反应更灵敏，土地的稀缺性诱导了这种类型的技术变化。

总之，农业投入要素会随着市场相对价格的变化实现着农业要素偏向型技术进步不断替代，最终会对农业 TFP 产生不同程度的影响。只有在农业技术进步的偏向性与其他要素禀赋匹配的状态下，农业投入要素组合优势才能发挥出来，促进农业 TFP 的提升。反之，对农业 TFP 产生负面影响。

2.2.6 经济增长理论

亚当·斯密（1979）在其著作《国富论》中指出推动经济发展的方式有两种：第一，提高具有生产性质的劳动数量；第二，有效提升劳动生产效率（劳动质量）。马克思认为人口、资本积累以及劳动力是经济增长必须具备的三大要素，提出资本家总是在追求超额剩余价值及相对剩余价值，为满足资本欲望他们总是想方设法进行技术的改进和升级，并转化为对生产率的提升，这便是"资本内在的冲动"，之后不少经济学家以此为基础分析了自然资源的独特性。然而上述经济学家的分析都脱离不开土地边际收益递减效应，对经济增长的影响因素研究尚不到位（谭崇台，2001）。新古典经济学家索洛和美国经济学家库兹涅茨均认为，技术进步对经济增长的贡献相对于劳动力、土地和资本等投入要素来说更有潜力和持久力。但至于技术进步是什么、具体包括哪些内容、技术进步源自哪里以及如何提高技术进步在经济增长中的份额都没有展开具体解释说明，新增长理论的出现弥补了这一缺陷。其代表人物罗默重点考察了知识对技术进步的作用，他认为，知识是一种先进要素，有别于传统生产要素，知识具有规模报酬递增的特点。每个经济体因历史沉淀、知识积累不同导致经济增长的步伐不相同，但只有加快知识积累和推进技术进步，才能实现经济体长期稳定增长。卢卡斯则用知识积累和人力资本等解释了经济增长的内生机制（谭崇台，2001）。Aghion 和 Howitt（1992）将熊彼特的方法引入经济增长理论，Crossman 和 Helpman（1991）提出，即使不断创新也要尽可能保留已有的成果，因此，我们一般把提升产品质量的产业创新称为熊彼特内生增长理论，他们认为持久而稳定的 TFP 增长必须依靠持续的科研投入。Jones（1995）对熊彼特理论产生质疑，他认为经济不会随着人口的增长而增长，生产率在人口增长的情况下仍然可能保持不变。到了 20 世纪末，内生增长理论有所发展但没有突破性进展，主要是朝着非线性动态模型和计量模型的实证方向发展。20 世纪 70 年代，可持续发展概念被提出。农业可持续发展理论要求经济、社会、技术与环境协调发展，这一理论已经获得各国普遍认可和重视，将对今后农业发展方式转变起到重要的指导作用。

第3章 农地流转对农业全要素
生产率的影响机理分析

机理分析属于规范分析的范畴，也是实证检验的基础。本章基于上一章的理论基础，旨在探讨农地流转对农业 TFP 的影响"应该是怎样"这一规范问题。本章将从农业 TFP 的四个分解指数层面讨论农地流转对农业 TFP 的影响机理。

3.1 农地流转对农业技术进步率的影响机理

我国农地流转随着工业化与城镇化的脚步不断向前推进，农村劳动力的非农转移带来的资源相对稀缺性进一步滋生了农业技术进步的需求。农地流转能带来农业生产前沿函数的变动，这种影响可以从以下几个方面解释：

3.1.1 通过推动资本深化，刺激农业技术进步

在政策的大力推动下，农地流转促进了农业规模化经营，刺激了新农业的发展和农业资本的持续深化（李姗姗等，2019）。研究普遍认为现代新农业是"劳动节约型"的资本深化农业，是一种以资本为纽带的具有帕累托效率的、普适性的生产组织方式，对促进我国新型农业的 TFP 转型升级、传统农业向现代农业接轨和乡村振兴伟大工程都具有重大意义。随着流转进程加快，在我国东部某些沿海地区流转比例已经超过一半①。一方面，通过农地流转对农地实施整理，可扩大耕地面积，有利于促进农业标准化、规模化和集约化。土地要素的整合刺激了

---

① 数据来源：根据 2018 年《中国农村经营管理统计年报》整理所得。

农田水利、交通等农业基础设施需求的增加，有利于农业资本进一步深化。有研究表明，通过农地流转来增强农业资本在各要素投入中的比例是我国农业发展的必然趋势和适应农业劳动力外流的一种必然反应。农业各要素投入的不可分性决定了流转后客观上会对农业基础设施标准和农业机械设备提出更高水平的要求，农地流转会促使新一周期的资本偏向技术进步产生，进一步加剧了农村资本深化。另一方面，农地流转趋势下，更多农民选择进城就业，农民的非农化和兼业化成为了一种普遍现象，劳动力转移情况下，构建现代农业之路对农业资本产生了更多的依赖。农地流转规模经营衍生的农村资本需求给城市工商资本下乡到农业生产中创造了机会。据统计，截至 2018 年，我国有超过 10% 的流转面积流入企业手中，面积超过 5000 万亩，农地流转入农民专业合作社的比例超过 20%[①]，农地流转入这两类现代化先进新型主体无论是总量还是占比均不断提升，在未来将有可能成为中国农业的主导力量。考虑到很多农民专业合作社是工商企业领办或创办的，实际上流转入工商企业的农户承包地面积和占比更高。工商资本下乡是农地流转后资本替代劳动力的必然趋势，工商资本在资本要素领域和服务领域凸显自己的优势，不仅能满足农业现代化服务需求也适应了现代农业规模机械化生产趋势，进一步加深了农业资本化水平和机械农业技术投入与引进。资本具有趋利性本质，资本流向势必受到农地流转效率改进和收益增加的影响。工商资本下乡以提高农业生产效率和产量为目的，带动农业技术引进，因此会发挥出比传统家庭生产更高的效率，两者相互影响、互为因果。工商资本在农业发展的道路上具有非常重要的作用，而且也有利于乡村振兴伟大工程，目前需要政府部门完善相关的法律法规，通过国家干预的方式，减少土地流转资本下乡的交易成本。

3.1.2　通过新型农业主体与职业农民推动农业技术创新

著名农业经济学家 Schultz（1964）曾提出农业的发展依靠接受过正规教育的农民，即技术农民。他指出，由于农村发展相对落后，农民思想守旧，不能普遍学习和吸收对农业发展有利的先进的思想和技术。长期以来由于政府对农业发展的忽视，农户得不到稳定、系统的教育和培训，导致农民的知识存量不足和农业生产效率低下。而且他认为，农业经济要持续稳定发展必须要提高农业生产效

---

① 数据来源：根据 2018 年《中国农村经营管理统计年报》整理所得。

率，而最有效的办法就是对农民进行投资，让他们接受先进的农业生产理念并对他们展开先进农业技术培训，使其拥有先进种植技术。国内学者也认为农业发展关键是依靠技术农民，授人以鱼不如授人以渔，政府要致力于提高农民的知识和技术水平，这才是提高农业生产效率最根本的途径。

农地流转极大地刺激了新型农业经营主体和新型职业农民的产生，他们将推动我国农业从传统的家庭承包经营向专业化经营的现代农业方式的转变。新型职业农民是中国的技术农民，能快速对农业政策做出反应，具有比传统小农户更高的农业技术吸收能力和新品种、农业核心技术推广能力。小农户对市场了解不够，所以在自身进行决策时，不能对市场充分调研，也不明白市场的发展趋势，新型农业经营主体能有效协调各主体与市场之间的关系且能对小农户提供一定帮助。作为新技术、新产品推广的载体和我国现代农业力量发展的基石，新型农业经营主体和新型职业农民将推进我国农业市场革新和提高我国农业技术水平。

3.1.3　农地流转刺激"诱导性技术"的产生

根据诱导性技术理论（谭崇台，2001；Grossman 和 Helpman，1991），农业投入要素的稀缺会刺激一种要素偏向型农业技术（诱导性农业技术）的衍生，诱导性农业技术促进了农业要素投入的重新整合而达到最优的配置，实现着由廉价要素向昂贵要素的替代，将有效地刺激农业技术的增长。一旦农业诱导性技术产生，各种生产要素之间的组合配比将被重新整合，投入要素能够达到新一轮最优的组合，促进农业生产效率的提高。

通过对近年来中国农业投入要素变动趋势研究发现，我国农业发展遵循诱导性技术理论，通过不断打破旧的要素平衡来实现新的要素整合平衡，这种新的要素组合具体表现为节约劳动和资本深化。原因在于：一方面，劳动力与资本相对价格之比持续上涨。根据 2016 年《印度快报》发布的一份研究报告显示，近 10 年来，我国劳动力工资增长幅度稳居全球前列，涨幅高达 10.6%，而印度不到 1%。反观近年来我国资本的价格，我国利率水平近 10 年一直稳步走低。农业生产两项关键投入——劳动力与资本的相对价格之比在持续上涨。另一方面，农村劳动力通过转出土地从农业生产中分离出来，加入到工业和服务业中，使我国第一产业就业人数逐年下滑，加剧了这一比值的提高。此外，农业"机械化"和"专业化"水平也在不断上升。市场是引导资源配置的有效杠杆，在引导中国农村居民向非农劳动转移过程中不可避免地会引起要素禀赋配置发生结构性突变，中国农业发展对资本要素的依赖程度势必诱导资本替代劳动力的要素偏向型农业技术进步的出现。

3.1.4 通过流转制度变革推动农业技术内生增长

自改革开放以来，我国农地流转制度实现了伟大创新，农地流转的政策与制度创新将在第4章展开详细介绍。农地流转制度变革促进农业技术进步主要通过以下途径实现（见图3-1）。

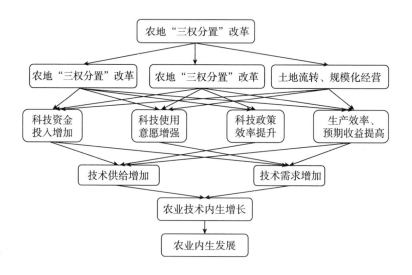

图3-1 农地流转制度变革推动技术内生增长

第一，农地流转产权制度变革对技术供给产生影响。首先，农地"三权分置"制度下催生的新型经营主体和新型职业农民往往具有更高的技术创新意识和能力，能积极地吸纳先进的农业技术，能积极带动小型农户开展技术学习，具备比传统小农更好的资金、人力等实力，不仅能积极使用技术，还善于传播农业生产技术，从而增加了技术供给。其次，农地"三权分置"改革使我国农地产权结构更加明晰，在制度层面更好地保障了农业技术创新主体的权益，有利于增加农业技术供给。再次，农地"三权分置"有利于农业科研资金的注入进而影响农业技术供给。一直以来，我国农业科研投入主要依靠政府财政支农科技创新经费支持，然而，完全依靠政府的经费供给始终是有限的，应该开辟更多支农的新渠道，比如吸收新型农业经营主体和社会风投基金等更多的社会资本加入。随着我国农地产权制度不断规范，农业经营主体利益将得到保护，这都有利于吸引社会资本投入农业科技创新，提高农业技术供给。最后，农地流转催生了拥有先进的生产管理经验和专门技术、对科技投入和技术提升特别重视的新型农业经营主体，能带动更多的农户学习和使用农业技术，激发农户的技术创新能力，促进农业科技人才供给增加。

第二，农地流转产权制度变革对技术需求的影响。首先，农地"三权分置"消除了农户在收益问题上的不确定性，在降低农户流转后风险的同时有利于交易费用的减少和农业 TFP 的提高。相对于传统农业来说，流转入农地的农户往往期望通过规模化经营获取更多的农产品收益，建立在农产品收益获取和农地流转制度保障下的农户使用农业技术的意愿会大大提高。其次，农地流转制度的实施刺激了中国高素质技术农民——新型农业经营主体和职业农民的出现，他们吸收农业技术的意识和创新意识比较强，而且具有比传统小农更高的技术吸纳能力，特别是通过农地流转将农地重新整合连成片，实施规模化经营，客观上增加了他们对资本偏向型的机械农业技术的需求，不仅如此，新型农业经营主体还能起到农业生产示范作用，能引导小农参与技术学习，将自己掌握的农业技术扩散出去。最后，农地"三权分置"改革为农户贷款提供了经营权抵押，在一定程度上缓解了农业生产和技术引进资金短缺问题，为技术需求的增加和农业技术的内生增长创造了条件。

3.1.5　农地流转对技术进步率的负向影响

农地流转引致的资本过度增密、资本利用率低等问题可能抑制农业技术水平的提高。农业资本深化的程度一般用"资本—劳动"投入之比来衡量。在中国农地流转大力推动的近 10 年来，我国农业要素市场的价格变化为农业资本深化创造了条件，劳动力工资持续上涨，增长幅度稳居全球前列，反观近年来我国资本的价格——利率，一直稳步走低，劳动力和资本是农业生产的两项关键投入要素。我国劳动力与资本相对价格之比的持续上涨，加上在引导中国农村居民向非农劳动转移过程中不可避免地会引起要素禀赋配置发生结构性突变，中国农业发展对资本要素的依赖程度在未来还会不断提高，这在相关理论研究中也得到论证

（段国蕊等，2013）。适度的资本增密有利于农业机械技术进步，适应了中国现代农业的发展的需要，过度资本增密则会带来一系列问题，这一现象在一些地区农业生产中已有出现，具体表现为资本使用效率降低、资本与土地等其他投入要素没有发挥出协调效率，仅仅是资本无效堆积，这就在一定程度上阻碍了农业技术水平和农业经济发展。

基于以上分析，本书提出假设1：农地流转对农业技术进步率存在非线性的影响（见图3-2）。

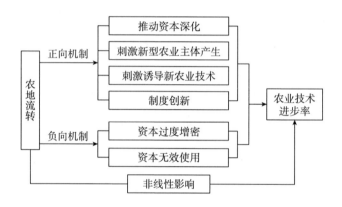

图3-2 农地流转影响农业技术进步率的机理

3.2 农地流转对农业配置效率的影响机理

3.2.1 通过改善要素配置提高配置效率

科斯认为，土地产权明晰能较大程度减少农地交易成本、活跃市场和优化资源配置，有效提高农业TFP。我国改革开放后农地流转政策也是基于这一目的提出的，特别是"三权分置"制度的确定，对规范和繁荣农地市场、活跃农村经济起到至关重要的作用。我们能在国内外文献中找到农地流转能改善要素配置的理论依据。Hsieh等（2009）在研究中指出，农地市场化交易为农地规模化经营创造了条件。Terry（2003）的研究表明，虽然农地交易只能在小范围内优化农业要素配置，但是由于中国农地流转市场土地租金较低，意味着交易双方承担的经济风险较低，加上流转方式灵活多样，优化了农业投入要素的配置效率和改善了农业要素投入结构。也有研究专家指出，由于我国市场机制不完善，农业要素配置在微观上体现为要素在不同农业经营者之间的配置扭曲，在宏观上则体现为农林牧副渔行业间的扭曲。在不考虑农业技术条件下，若能消除农业要素在微观和宏观上的配置扭曲，农业 TFP 能再提高至少 20%，东部、西部农业 TFP 改进空间将超过 30%（陈训波，2012）。在农地流转制度演变的 30 多年进程中，农业劳动力存在一定幅度的变动，总体表现为农业劳动力的下降。农业劳动力人口由 1984 年的 30868 万人下降到 2019 年底的 19327 万人，下降幅度较大，农村劳动力要素投入减少。在第一产业就业劳动力持续下降的情况下，我们依然见证了中国农业在这 30 多年取得的举世瞩目成就，虽然无法论证农地流转对农业投入要素合理流动的决定作用，但是确实有不少学者通过实证研究表明，农地流转对配置效率产生了积极影响。

3.2.2　通过流转制度变革改进配置效率

继家庭承包经营责任制后，我国推行的一系列农地流转制度变革对农业配置效率改进均具有积极的影响，原因在于以"三权分置"为代表的农村制度创新突破了原有制度的局限并充分挖掘出农业生产力的潜力。首先，该制度将土地实际占有权、使用权和收益权三项权利分离出来并赋予农民，以致所有权完整权益被分解，土地完整权益失去了制度保障。其次，农民分散获得集体所有权分离出来的三项权利，导致土地细碎化、小规模及分散使用，抑制了规模效率作用的发挥。最后，土地被视为农民和家庭的生活物质基础，由于传统农户思想保守，在缺少流转制度权益保护的条件下，农民不愿将土地流转出去。"三权分置"破除土地要素不能参与市场流通的体制约束，一直以来不具备流通特性的农地具有了流通的特性。一方面，在尊重农户流转自愿原则和遵守农地集体所有准则的前提之下，农地经营权通过市场流通，交付给有需要和具有丰富农业经营能力和经验的农户，实现农业生产要素重新搭配组合，充分挖掘要素组合潜力，使配置效率得到突破性提升。另一方面，建立在受益保障前提下的农地流转，不仅为农户从事非农生产解除了后顾之忧，而且能提升土地的投入产出率，该制度以市场为导向，具有充分的制度优势，同时也要依靠政府在疏通农业投入要素流动渠道、规范农地流转制度和完善配套服务等方面做出努力。"三权分置"制度变革对农业配置效率具有突破性的积极影响可以从以下几方面得到体现：第一，通过农地使用权产生积极影响。经营使用实现流通，可以推动流转入农户优化农业生产结构，提高单位土地的经营效率，从而吸引更多生产要素向农业领域集中。农地要素的潜在生产效益，必须搭配相应规模的劳动力生产要素和农业资本要素，才能真正实现农业生产规模效益的最大化。当农户产生扩大农业生产规模的需求时，拥有完备的农地使用权使这类期望转入农地的潜在需求具备了转化为现实行动的可能性，完备使用权增加了农户对土地长期投资的意愿，根据市场调节农业投入与产出结构，顺应农产品市场需求的变动趋势，从而提高农业经济效益。农地使用权的完善为农户进行生产要素投入和规模化生产创造了条件，农户转入农地的动机增强，要素配置效率提高。第二，通过完善农地处分权对要素配置产生影响。首先，农户将农地经营权流转给其他农户，处分权的完善使得流转双方权责明确，权能增强。处分权规范条件下，农户流转土地减少后顾之忧，流转供需双方意愿增强能有效约束农业细碎化小规模经营的情况。流转入农户将农地进行集中整合连成片规模化经营，不仅对农业生产稳定性和持续性具有积极影响，而且能充分激发农户规模化经营积极性，刺激农业生产率持续稳步地提升。其次，处分权的规范和完善将有利于对农地的长期投资，流转入方将基于利润最大化而非"生存伦理"目的，农地流转后，农户通过加大对农地的规模化投资、调整农业要素投入和农产品产出结构提升农业经营产出和家庭收入。再次，农地处分权的完善使长期制约农民生产生活的土地有了合理合法的归宿，保障了农户更自由地实现非农转移，农地流转后，流转出农地的农户通过非农化和兼业化活动获得就业机会来增加家庭收入，而流转入农户通过将土地连成片的规模化机械化经营大大提高了农业劳动生产率和TFP。最后，处分权的完善刺激了农户对农业的资金和技术投入，农户通过不断学习农业技术和先进经营管理模式，并在现有技术前提下不断创新，提高农业TFP。流转入农户能衍生为技术农民，成为中国新型农业经营主体的代表，能在农业要素配置和农作物种植结构上不断改良，刺激农业配置效率逐步提高。第三，通过完善的农地收益权对要素配置产生影响。获得农地收益是农户进行农业生产的最终目的，在收益权得到保障的前提下，农户从事农业生产的动力才会明确。在利益驱使下，农户不但会延长农地工作时间，还会提高农业劳动力的工作质量进而促进农业劳动力的产出效率提升。农地收益权的加强会吸引部分家庭劳动力从非农劳动市场重新回归到农业生产。

3.2.3　农地流转对配置效率的负向影响

（1）农地流转到生产能力较弱的滞留农户手中，导致配置效率降低。

农地流转到生产能力较弱的滞留农户手中的原因在于，城镇劳动力岗位空缺给农民非农就业创造了更多就业条件，人口流动政策的放宽给农民非农就业提供了政策条件。青壮年劳动力的身体优势使他们在非农就业中拥有更多的优先权。此外，相对于土地收入来说，非农就业能带给他们比农地收入更多的相对利益。在此条件下，农村青壮年劳动力滋生了更多的土地流转需求。在城市工业化、城乡一体化背景下，农村劳动力向城市转移是必然的趋势，土地撂荒、农地流转到生产能力较弱的滞留农户手中在所难免。随着我国农村青壮年劳动力快速非农化，农村留守人口（儿童、老人和妇女）带来的农业生产问题和各种社会问题已日渐显现。此外，农民社会主体老弱化趋势明显。我国农村老龄化现状引起了社会广泛关注，农业生产如何延续？既然"三留人口"难以转化为新型职业农民，那么未来谁来支撑起现代化农业？良田被撂荒无人耕种，中国农地又何去何从？农地流转背景下农业劳动投入质和量的下降给农业配置效率提升带来了考验，流转未必一定能促进配置效率提升（盖庆恩等，2020）。

（2）农地流转引起的要素拥挤效应，不利于配置效率提高。

我国农地流转是劳动力转移的必然选择，资本要素投入增密是诱导性技术的必然要求。在追求农地流转规模效应的同时，要素拥挤效应的产生在所难免，两者是"一枚硬币的两面"。资本要素的集聚效应适应了农业规模化生产需求，但也会导致农地经营规模效应向资本拥挤效应转变。根据生产理论，农业生产中各要素投入都有一个使配置效率最大的最优比例，这一配置被认为具有经济性。但是农业经济活动中经常会发生偏离这一最优比例的非经济性现象。拥挤效应则是要素投入相对过多非经济性的一种表现，在经济学中，我们不能完全将之等价为投入要素相对过多的一种比例失衡，它具有三个方面的特点：存在空间维度、与经济集聚现象伴随存在和某类要素投入过多而引起。故拥挤效应是具有这三项特征的非经济性现象。要素拥挤效应对农业配置效率具有重要影响，尤其是我国要素市场存在机制不完备、农业配置不合理、资本与技术没有实现协同发展等问题，要素拥挤效应阻碍了农业配置效率提高。

基于以上分析，本书提出假设2：农地流转对农业配置效率存在非线性的影响（见图3－3）。

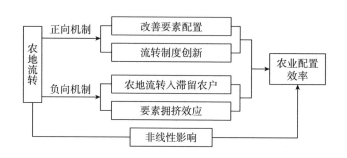

图3－3　农地流转影响配置效率的机理

3.3　农地流转对农业规模效率的影响机理

3.3.1　通过扩大经营规模提升内部规模效率

（1）通过改变农户经营目标，获得内部规模经济效益。

理性农民假说认为小农以"生存伦理"为导向。中国传统农业长期以来受到天气、气候和自然条件影响，农业基础比较薄弱，农业生产以"生存伦理"为准则，即农民耕种土地力图减少自然灾害引起的歉收风险，并不想在少量的土地上冒险获得更多的利润，农民遵循的是"生存为导向、风险最小化、安全第一"的生产原则，尽可能生产更多的粮食以防不测，试图用稳定的农业生产方式来满足家庭生存需求，农业生产追求的是产量最大化，在生产函数中，只要劳动边际生产率大于零，继续增加劳动投入对农民来说就是合理的，因此传统农业依然是倾向通过增加劳动力投入来获得更多农业产出，传统农业这种"生存理性"目标与农地流转的农业规模化、机械化和现代化经营中的利润最大化目标并不一致。通过农地流转鼓励土地适度规模经营，引导农业生产由"生存伦理"到

"利润最大化"转变，农业实现产业化经营，不再是为了维持家庭生存，而是通过产业化推动农业市场化，实现"利润最大化"。

（2）农地流转通过释放农业投入要素带来内部规模经济效益。

农地流转衍生了新型农业主体，他们在促进现代农业规模化和机械化发展、优化农业资源配置、吸收和扩散农业技术、保障农产品质和量的供给等方面发挥了突出作用。在新型农业主体各类形式中，以农民合作社增长最为迅速。农地流转政策扭转了长期以来农业生产要素分散性导致的小农生产规模经营受束缚的模式。适度规模经营不是简单的土地整合或是小农的叠加，而是通过市场化流通实现的农业生产要素的释放，是各类农业生产要素的重新整合。这类资源的重新整合不但需要土地能集中连成片，还需要更多的农业资本、生物技术与之相适应。农业内部规模经济产生的原因有，作为固定成本的农业规模化生产的基础设施、大型机械化设备在既定规模内不会随着产出的增加发生变动，意味着单位固定成本减少。此外，通过规模化集约化经营，能有效节约劳动力成本，减少单位农产品的变动成本，获得规模经济。

3.3.2　通过扩大经营规模提升外部规模效率

（1）通过农地流转减少农业交易成本，获得外部规模经济。

根据有限理性理论，对于农户个体来说，采取传统小农细碎化经营模式也可以是有效的，是个人理性的体现。不同承包主体的个体理性对集体来说，是一种非理性的表现，现代农业产业正外部效应无法得到扩散。农业经营存在要素的不可分性，家庭联产承包责任制度下的农业经营模式农地的分散性使其他生产要素如资本技术生产率的潜力得不到发挥，小规模生产更偏向使用劳动力，不利于资本品和农业技术的输入，农业供应链上处在上游的生产端的是小型农户，因农产品产量有限、信息不对称，农产品往往是自产自销，即使有剩余，农产品也很难通过经销渠道进入加工经销商环节。传统农业信息相对闭塞，农户很难获得及时可靠的信息，在农业技术获取、外包服务和金融信贷等方面都受到限制，上游农户在农业供应链上处于劣势，农产品市场供与需、家庭生产小规模与规范化大市场等矛盾逐渐显示出来。农户经营规模与其在金融信贷、信息获取、技术支持等资源获取方面的优势成正比。农地自由流转可以破除这一制度障碍，促使农业生产从小农户到大市场之间实现转变，不仅能提升农业生产内部规模效益，也能让农业经营享受到资源、科技、信贷、信息等方面的外部规模收益，尽可能地减少农户交易成本，分散土地在市场机制下重新配置。资本、技术等要素潜力在适度规模中一并得到释放，农户交易成本得以降低，农户能从流转中获得外部规模经济效益。

（2）通过农地流转减少农业社会公摊（不可分）资本投入获得外部规模经济。

我国政策将农地承包期限延长，实则是鼓励农民对农地进行投资。农地投资期限包括长期和短期。农业基本建设属于长期投资。有学者指出，农业基础设施的改进能有效提高农业 TFP（李宗璋，2013）。新型生物技术研发的高产良种产量较高，具有一定抗自然灾害的能力，在保障农民收成和减少农业采纳新技术风险上具有突出的优势，但是高产良种不仅对化肥具有一定依赖性，而且对水利设施要求也较高。即使政策为农业投资提高了年限，但农业投资需要大量资金，有些不可分的大型农业机械虽然能大大提高农业产出，但一次性投资太大，对小农户来说，大型机械利用不足，有些现代农业技术虽然潜在效率很高，但投资大，风险也很大，且每单位产出分摊成本太大，小农场资本薄弱，承担风险的能力弱，小农户不愿意也不能为农业增加投资。相反，对大农户来说，机械能充分利用，且每单位产出所分摊的成本较小，大农场资本雄厚，承担风险的能力较强，此外，大农场能够实行现代化的科学管理，而小农场则很难做到这一点。大农场比小农场能更容易、更迅速地采用现代农业技术。农业经营规模与管理技术存在正相关关系。农地流转极大地促进了分散土地由小农户到新型农业大户的集中，让流转大户具有社会公摊资本投资的能力，农业投资渠道一方面依靠政府投资，另一方面也让多种形式的适度规模经营的农业大户具备了一定社会公摊投资的能力，使广大农户获得更低的社会公摊资本，较大地提高了农业规模经济效益。

3.3.3 农地流转对规模效率的负向影响

然而，也有许多西方学者否定了上述观点。他们认为上述观点不符合中国这样的发展中国家的实际情况，小农在发展中国家是有效的，通过流转土地盲目扩大规模不但起不到积极作用，甚至会对农业效率产生负面影响。

（1）流转要素市场不完全，抑制了规模效率发挥。

由于要素市场不完全，导致市场交易处于无序的状态。农户缺少法律意识，在流转土地方面多采取口头协议方式，农地流转时农户没有非常规范的流程合同遵循，农地的经营使用权权责不清晰，容易引起纠纷。政府在这方面需要加大力度搭建农地流转市场交易平台，制定规范的农地交易制度，明确权责，减少纠纷，保障流转入户和流转出户双方的利益。此外，还要建立完善的农地流转服务管理制度，要明确管理人员的权责。我国目前即使有些地区已建立了有形的农村农地流转市场，但由于组织服务化水平较低，监管不到位，对市场规范并没有起到明显的作用。另外，信贷市场不完全。这主要表现为，我国农村流转与信贷市场存在信息不对称性且流转获得的土地经营权由于受到《土地承包法》《担保法》等法律限制，难以发挥有效抵押物的功能。

（2）农地流转规模经营抑制了农民的生产积极性的发挥，影响规模效率提升。

传统家庭农场理论认为小农生产是有效率的，原因在于他们不需要支付农业生产中劳动力监督管理成本，也不需要应对农户道德风险方面的问题。很多国内外学者在实证模型中加入控制变量后均得出农户经营规模与生产率负相关的结论，原因在于小农生产更注重精耕细作，有利于提高农业单产。此外，农业生产与规模化工业生产类似，也会存在要素投入比例不协调而导致农业生产规模不经济问题。舒尔茨小农生产是一种非常有效的生产方式，盲目扩大农业生产规模可能抑制规模效率的发挥。

基于以上分析，本书提出假设3：农地流转对农业规模效率存在非线性的影响（见图3-4）。

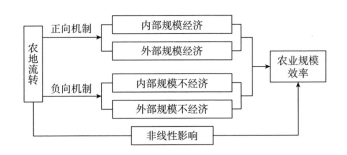

图 3 - 4　农地流转影响规模效率的机理

3.4 农地流转对农业技术效率的影响机理

3.4.1 通过技术农民的技术推广改进技术效率

技术效率指的是某项技术在使用当中生产效能所发挥的程度，技术效率发挥的程度受到技术使用者的影响。农地流转不仅带动农地经营权的流动，还促使劳动力和其他生产要素一起向边际产出高的农户——技术农民手中集中，技术农民是中国现代农业的支撑群体，相对于传统普通小农户而言，技术农民在农业生产经营活动中能发挥出比普通农业劳动力更高的生产效能，推动着中国农业从传统的、落后的、小规模农业向资金技术密集型的现代农业转变。已有文献通过实证论证了农地流转能有效刺激农业技术效率的提高。农地通过出租（转包）等多样化形式流转到新型农业经营主体、种田能手和新型职业农民手中，他们成为中国的技术农民，而且这部分群体队伍在不断壮大，他们能快速对农业政策做出反应，不仅具有比传统小农户更高的农业技术创新能力，还具有较强的农业核心技术运用推广能力。作为新技术和新产品推广的载体和我国现代农业力量发展的基石，中国技术农民将推进我国农业市场革新和提高我国农业技术效率。

3.4.2 通过改善农业生产条件实现技术效率提升

有研究学者表明，农地流转促进了农业生产条件的改善，有利于技术效率的提升（Kukal 和 Irmak，2020；李宗璋，2013）。农业有效灌溉比例、基础设施投入和农地整改状况等都能反映农业生产条件。农业部相关数据显示，2019 年农业有效灌溉比例超过 70%。由于农业生产要素具有不可分性，各投入要素只有相互搭配才能发挥出组合优势，需要不断进行公共投资，改进生产条件。进一步推动农地有序流转，流入户通过农田整改、地块合并经营将有效改善农田灌溉条件，将使这一比例得到进一步提高。在农地流转背景下，农业生产条件得到大大改善，主要通过两个渠道来实现，一是政府加大对农村基础设施的资金投入力度；二是广泛吸收社会资本对农业的投资。农业生产条件改善保障了农业生产的基本条件，减少了农业生产对自然条件的依赖，从而降低农业生产风险，有利于农业生产效率的提高。

3.4.3　通过重组要素提升技术效率

黄祖辉等（2014）、王倩等（2015）和戚焦耳等（2015）研究指出，农地流转改善了农业投入要素组合，农地通过市场化流通，农地经营权从技术水平较低的农户流向较高的农户，一方面释放了农村剩余劳动力，另一方面有利于实现土地的集中与规模化经营，从而带动了农业机械化和农业生产技术效率的提升。高欣等（2016）实证研究得出了与其一致的结论，并指出政府引导和新型农业经营主体实现的农业技术效率改良，推动农业技术效率的提升。鄢姣等（2018）认为，农地流转带来技术效率提升的原因不在于农业投入要素质量的改进或者是农业技术的进步，而在于各要素之间重组搭配与协调能带来更大程度的要素组合优势，这种效率的提升在土地细碎化程度更高的地方表现得更为突出。农地流转背景下的现代农业是偏技术和资本的农业，是为了适应农村人口向城市转移，推动城乡一体化的举措，进一步释放了农村人口。在要素资源的稀缺性在市场机制下，实现农业资本对农业劳动力的替代，流转背景下农业将更深层次资本化，农业资本占有量将会有显著提升，也带动了资本偏向型技术的发展和运用。有学者通过实证检验得出了资本占有量对农业技术进步和技术效率提升均有正面影响的结论（Kul 和 Shankar，2020）。

3.4.4　农地流转对技术效率的负向影响

（1）农户流转土地不一定遵循技术效率优先原则。

有研究指出农地流转不一定遵循效率优先的原则，有可能会出现流转无效。李承政（2015）研究发现农村青壮年优质劳动力的非农就业导致农地流转到低效率农户手中，就目前中国的现状而言，如果将农地配置给高效劳动力，农业技术效率存在很大的提升空间。周泽宇等（2019）的研究表明，没有充分的证据能证明农地一定是从生产能力低效的农户向生产能力高效的农户流转，现实情况是，非农就业机会多、收入高的农户往往具有更高的农业生产能力和农业边际产出，他们更倾向于把农地流转出去。农地流转释放的不完全是剩余低效率劳动力，也释放了部分高效农业劳动力，促进了高效劳动力的非农化。所以，农地流转不是农业技术效率高低的决定因素，因为流转不一定遵循土地利用效率和公平原则，只有农业各投入要素的配置水平才是最终决定因素。我国现阶段农户流转土地不一定遵循技术效率优先原则的部分原因是：农村中具备较高生产率的劳动力拥有更多兼业化和非农化生产条件，能够较多、较快地增加家庭收入来改善生活条件，而生产效率低下的农户因缺少退出农业的渠道只能滞留在农业生产上。从这一角度来看，农地流转改善了劳动力在不同产业间分配，符合农户经济理性的基本要求，但并不利于第一产业技术效率的提升。

（2）流转环节存在的现实难题是技术效率提升的阻力。

新型职业农民是农业生产中的技术劳动力，在获取农业技术的意识上较为主动积极且具有较高的技术创新和技术吸纳能力，在使用技术方面对数量众多的小农具有示范作用。从理论上讲，引导农地向新型农业经营主体和新型职业农民流转并全面依托新型农业经营主体和新型职业农民来推广农业技术是提升农业技术效率的有效方式。然而，流转环节存在的现实难题是技术效率提升的阻力。一方面，农地流转供给与流转需求的矛盾。农村信息网络设备相对落后，加上农地流转市场不完善，容易引起农地流转市场供给与需求信息的不对称性。此外，现代农业生产要求土地集中化规模化经营的需求与现阶段农地流转局限在小农之间的现实加剧了这一矛盾。另一方面，传统农业经营主体与现代农业经营主体的生产目标不同。新型农业经营主体和新型职业农民是以农业生产利润最大化为目标，这与长期以来传统农业风险规避的生存目标之间存在显著矛盾，这些是长期以来中国农业制度下积累的矛盾，现实难题很难在短时间内得到解决。

（3）政府不当的流转干预导致了技术效率的损失。

Kung（2002）指出，无论是市场还是政府在农地交易中都不同程度地发挥了其作用。然而，从现实交易来看，我们仍然过多地依赖政府的干预，市场机制没有充分发挥出它的潜力。Kung 在研究中进一步指出，我们能从西方发达国家农业发展进程中得出经验，只有规模适度和充分利用现代设备才能发展现代农业，而这一切必须建立在完善的农地交易制度前提之上，通过优化制度才能解放农业生产力。王雪琪等（2018）认为，我国政府对农地流转市场的不当干预不仅体现在流转环节上，还体现在政府补贴和金融扶持等方面。政府财政支农倾向于规模大户，容易导致规模过大不经济，而部分具备农地扩张能力的农户却得不到资金支持。在流转入土地农户的生产经营能力与其经营规模不匹配的条件下，农业生产技术效率潜力发挥将会受到抑制。

基于以上分析，本书提出假设4：农地流转对农业技术效率存在非线性的影响（见图 3 - 5）。

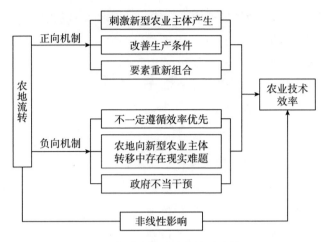

图 3 – 5 农地流转影响技术效率的机理

3.5 农地流转对农业全要素生产率的影响机理

综上所述,农地流转对农业 TFP 既存在正向影响,也存在负向影响。双重效应的共同作用可能引起农地流转对农业 TFP 产生非线性的影响。理论模型如图 3 – 6 所示。

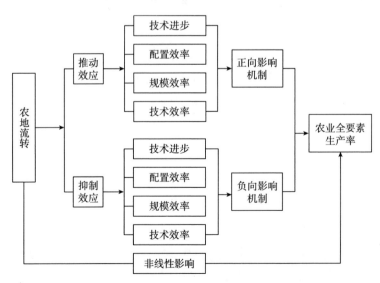

图 3 – 6 农地流转对农业全要素生产率的影响

本书提出假设 5: 农地流转对农业 TFP 存在非线性的影响。

3.6　本章小结

本章得出以下结论:

第一, 农地流转通过推动资本深化、刺激新型农业经营主体和诱导性技术的产生推动农业技术创新, 还通过制度创新刺激农业技术内生增长。农地流转过程中存在的资本过度深化、资本无效堆积等现象对农业技术进步产生负面影响。

第二, 农地流转通过要素重组和产权制度变革改进配置效率。然而, 随着优质劳动力的非农化, 有相当部分农地流转到生产能力较弱的滞留农户手中, 导致配置效率降低。此外, 农地流转引起的要素拥挤效应, 不利于配置效率提高。

第三, 农地流转通过扩大经营规模提升农业内部规模经济效益和外部规模经济效益。但农地流转要素市场不完全, 抑制了农民的生产积极性和规模效率的提升。

第四, 农地流转通过技术农民的技术推广、农业生产条件的改善和要素重组提升了技术效率, 但是流转户不一定遵循技术效率优先原则, 流转环节存在的现实难题是技术效率提升的阻力。此外, 流转环节政府的不当干预导致了技术效率的损失。

第五, 研究分析得出农地流转对全要素生产率不仅存在正向影响, 也存在负向影响, 农地流转对农业 TFP 可能存在非线性的影响。具体影响如何, 后文将基于本章理论分析和研究假设展开实证检验。

第4章 中国农地流转制度演变与运行现状分析

自 1978 年以来，我国农地流转制度经历了巨大变革，本章梳理了 1978 年至今中国农地流转制度文件，归纳了其演变过程；基于 2005～2018 年的《中国农村经营管理统计年报》数据分析了近年来我国农地流转实际运作的情况；并结合相关文献，进一步分析了我国农地流转的现状特征。

4.1 中国农地流转制度演变

4.1.1 农地流转被禁止阶段（1978～1983 年）

1978 年中共十一届三中全会之后，承包责任制使土地实现了"二权分离"，该制度的实施被称为是 1949 年后的第三次土地改革，激发了中国农业发展潜力，促进了中国农业经济的崛起。为了充分保障农户对土地的权力，国家严格限制土地在农户之间流转，1982 年的中央一号文件特别强调，对于家庭承包经营户承包的土地，农户无权买卖，不能出租或者转让，对于荒废的农地，所在集体组织应予以收回，针对没有能力经营土地或因其他原因放弃农地经营的，要及时退还给集体。同年 12 月，《中华人民共和国宪法》进一步明确指出，要充分保障农户的农地承包经营权，不得采取非法的形式侵占、买卖或者出租转让家庭承包经营户承包的土地。在这一阶段，农地流转被严格禁止。此阶段我国处在改革开放初期，经济欠发达，城镇化和工业化水平不高，农民非农就业机会很少，农地流转需求并没有被激发，即使存在农地流转行为，也是隐蔽的、非法的个别现象。

4.1.2 农地流转政策松动阶段 (1984～1992 年)

我国农业经济在 1978 年土地制度变革后实现了较大突破，粮食产量迅速攀升。然而，数据表明，1984 年后我国粮食产量增速开始放缓，制度变革带来的农业经济增长影响逐步变小。中央意识到家庭承包责任制虽能激发农民的生产潜力，但由于其本身存在着小规模、细碎化生产的局限，将不利于农业生产效率的持续发挥，要降低这一制度缺陷的约束，还需要不断进行制度创新。在实践环节，政府于 1984 年提出，在承包期内，不愿耕种或无力耕种土地的，可由集体统筹安排，也可由承包户自行安排，但必须经得集体的允许。同年，中央一号文件提出为了稳定承包户与农地关系，建议将土地承包期延长。1986 年的中央一号文件中进一步强调盘活农业生产要素，鼓励发展规模经营来提升农业规模效率。1987 年，国务院批准农地规模经营试点，将制度创新进一步由理论推向实践并取得了一定成效。1988 年修订的《宪法》与《土地管理法》废除了关于土地流转的禁令，允许农民在法律规定的范围内转让出租农地，使农民拥有了更多的土地自主权，修订后的《宪法》同时指出了非法转让土地的解决办法。由此，农地流转首次得到了法律认可，实现了从禁止向政策松动的过渡，为农地流转由理论走向实践创造了更多可能性。1992 年，邓小平指出，在改革开放的推进下，农民思想得到解放，农村劳动力不能受制于土地，拓展农民就业模式是市场经济的选择。

4.1.3 农地流转立法阶段 (1993～2001 年)

为了有效地避免农地问题带来的社会矛盾和冲突，充分保障农民农地收益和合法权益，《关于当前农业和农村经济发展的若干政策措施》（中发〔1993〕11 号）明确规定农户耕地承包期到期之后将再延长 30 年。在法律规定的范围内，土地承包经营户可以转让土地使用权，但不能违背土地集体所有这一基本原则，转让土地使用权过程中要本着自愿和有偿的原则，确保农户利益不受到损害。1994 年，《关于稳定和完善土地承包关系的意见》提到要充分尊重土地集体所有的原则底线、不改变土地农业用途、不能强行农户流转土地，充分尊重农户意愿前提下，我国政府允许承包户在既定期限内，通过多样化形式将农地使用权流转出去，农户的合法权益将受到法律的保护。从"允许"到"松动"再到"承认"，农地流转经历了三个阶段性的跨越，政府为助推我国农地流转发展不断创造可能性并摸索适合我国农业发展的模式，以促进农业要素合理有效的使用。1997 年，中央提出通过小范围的试点试验，探索符合地区农业发展的承包经营流转多样化模式。自此，农地流转的实施有了正式的法律依据。2001 年政府再次重申了上述农地流转原则，并强调必须在法律既定的约束下，推动农村土地要素合法使用，确保农业经济稳定发展。

4.1.4　农地流转法律规范阶段（2002～2007 年）

为避免制度不规范带来的矛盾冲突、正确引导和全面落实土地进行改革和规范推进农地流转，政府针对土地流转中可能存在的问题做出了明确的规定，使农地流转得以在此后的十年里稳步推进。2004 年，《农业技术推广法》《农业法》等制度的相继出台，为农地流转提供了坚实的制度性保障，农业要素市场逐步活跃起来，农地逐步进入市场化运作，为我国农村人口在此阶段不断向城市转移解除了后顾之忧。2004 年 3 月，"国有与集体所有的土地使用权可以依法转让"被正式列入《宪法》，土地流转这一政策在《宪法》中得以明确。2005 年，政府规定了农地流转必须坚持合法和自愿流转土地经营权的原则，明确了农地流转双方的权利与义务。2007 年，《物权法》规定了承包经营权的用益物权，《物权法》指出只要在承包期间，法律保护农民对土地使用的合法权利不受他人侵占、不被非法限制。在流转环节中，组织和个人始终要坚持农户自愿的原则，《物权法》的实施极大促进了农地流转的发展。2008 年，第十七届中央委员会会议指出，通过搭建土地流转市场，促进农地市场化交易的规范。

4.1.5　农地流转规模推进阶段（2008 年至今）

为了增加农民收入和加快农村经济的发展，2008 年开始，政府采取了一系列灵活措施盘活农地市场、推动农业规模化和活跃农村经济。2008 年，政府指出土地流转有效改善了农业投入要素配置，是中国农业走向规模化和现代化的必然路径。通过成立专门的机构加强对流转市场的管控，鼓励流转模式多样化来推动适度规模经营，这些政策在农村改革中起到重要的方向性作用。2010 年之后，政府强调落实土地的所有权确权登记颁证是稳步推进农地流转的必要条件。2012 年，中央指出地方政府要加大支持力度深入推进农地流转规模化经营，激发农业生产活力，增加农业产出。2013 年底，中央认可了我国在农村土地改革的方向，肯定了农村土地改革及制度推行已取得的成效，指出要进一步加快改革和稳步推行农村土地制度体系。2013 年底，中央针对农村改革发展的工作会议明确了"稳定农户承包权、落实集体所有权、放活土地经营权"这一改革方向。2014 年，中央指出要从实际出发，用制度保障农民对土地享有的合法权利，才能稳定农民与土地的关系。针对农业经营主体融资困难的问题，可通过赋予农民对承包地抵押、担保权能来缓解农地流转中的融资困境和扩大农业生产资本投入。地方政府要为农业提供系统化服务，健全农地流转市场管理机制，尊重农户流转意愿，促进农地流转有序推进。为切实缓解农业发展中的金融短缺问题，2015 年，政府文件多次提出指导意见以推进物权抵押的落实。2016 年，"三权分置"提出，2018 年被正式列入《农村土地承包法》，这将有利于中国农业要素市场的盘活和有效改善农业要素市场发育迟缓的低迷态势。2019 年，中央明确提出要全方面、多层次完善土地流转的体制机制，推动土地流转公平、正常、有序地开展，努力发展农业规模经营。《2020 年乡村产业工作要点》文件中提到，要建立健全联农带农的机制，提高龙头企业、规模农户和合作社等对小农的引导作用，建立利益联盟，通过制度创新与小范围试点，带动小农快速发展。

4.2 中国农地流转运行现状分析

下文根据 2005～2018 年《中国农村经营管理统计年报》公布的数据并结合相关文献系统分析我国农地流转的运作现状。

4.2.1 农地流转范围扩大，增速下滑

4.2.1.1 农地流转面积逐年攀升

图 4-1 是农地流转在总体范围上的表现。2008 年以前我国流转农地面积和流转率都比较低，从图 4-1 可以看出，2005 年流转面积为 0.54 亿亩，流转比例为 4.57%。2007 年流转面积为 0.64 亿亩，流转比例为 5.24%，这 3 年流转面积表现较为稳定，变动幅度非常小。从 2008 年开始，我国政策开始大力推动农地流转规模化经营，制度创新在农地流转市场中才发挥出优势，2008 年是流转面

积取得突破性进展的一年，相对于 2007 年，增幅相当大，流转面积增加了 4513 万亩，增长比例也是非常高，快速攀升到 8.84%，由此农地流转开启了快速增长的模式。到 2013 年底，我国农地流转面积在较短的时间实现了突飞猛进的增长，达 2005 年的 6 倍多，流转比例快速攀升，超过全国家庭承包农用地面积的 1/4，农地流转在从禁止到立法再到规模化运作的短暂时间段内，实现了巨大突破，农业经济发展因此实现了伟大变革。2014 年以后，全国流转制度不断完善、农地市场日益活跃，农村人口不断从农业生产中得到释放，流转面积依然保持增长的态势。到 2018 年底，全国有 5.39 亿亩农地实现了流转，流转面积是 2005 年的近 10 倍，占家庭承包经营农地面积的 38.92%。当下，随着我国城镇化、工业化节奏加快，农村人口逐步向城镇转移，土地和劳动力要素同时实现流通，农民从土地中解放出来，通过参与非农劳动获得更多的家庭收入，农地流转的市场供给与需求还会进一步扩大，流转率还存在较大提升空间，中国农村土地流转面积在未来有望继续增长。

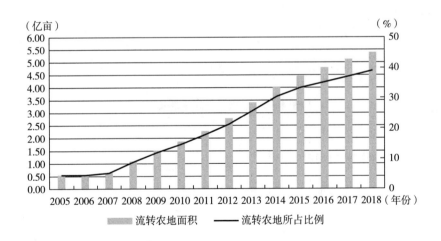

图 4 - 1 流转农地面积与流转农地所占比例

4.2.1.2 农地流转增速下滑

图 4 - 2 绘制了 2005 ~ 2018 年我国农地流转同比增长率，可以很直观地看出样本期我国农地流转增长速度总体分为两个阶段——增速上升阶段与增速下滑阶段。以 2008 年为界，2008 年前农地流转增速是上升的，此阶段我国农地流转制

度处在制度规范阶段,从 2006 年的 1.53% 上升到 2008 年的 70.82%,到 2008 年,全国农地流转面积达 1.09 亿亩,打破了流转前期稳定增长的局面,实现了快速增长,农地流转比例为 8.84%,同比增长率为 70.82%,为样本期最高水平,农地流转规模得以壮大。从 2008 年开始,在工业化和城镇化驱动下,我国政府大力推进农地流转,政府在土地制度改革方面大胆地进行制度创新并在实践中摸索前进,也取得了一定成效,流转面积持续上升,但是由于前期制度变革释放了农地流转的一部分潜力,2008 年后农地流转比例虽然一直保持增长,但是增长速度下滑。从 2005~2018 年农地流转同比增长率曲线来看,我国农地流转增长率发展经历了快速增长—快速下降—相对稳定—缓慢减速的转变。总的来说,近年来我国农地流转增长速度呈放慢趋势,同比增长率下降的趋势没有改变。

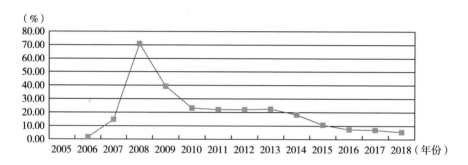

图 4-2 农地流转同比增长率

4.2.2 农地流转存在小农复制

近年来,农地流转面积快速增长,但是小农经济占据主导地位的格局没有发生根本性改变。尽管 2008 年后我国农地流转进程加快,但是土地并没有通过流转向规模农户集中,流转行为主要局限在小农户之间,农户户均经营规模仍然偏小,土地集中化、规模化和专业化经营只是局部现象,细碎化经营仍然是普遍现象,农地流转"小农复制"现象明显,有研究表明,我国农地流转陷入"内卷化"困境,这是通向现代农业的重要约束(匡远配等,2018c)。郭熙保(2013)研究表明,2007 年我国人均劳动力经营耕地面积仅仅是英国的 3%、日本的 16%、韩国的 36%,甚至比印度(0.6 公顷)还少。也有研究指出,按每户 2 个劳动力来计算,我国户均农地面积仅为 12 亩(匡远配等,2018c)。在农地流转背景下，小农经营依然占主流，农地流转陷入内卷化困境，中国农业全面走向机械化和现代化还需要很长一段时间（钱克明等，2014）。根据林万龙（2017）的研究，相对于发达国家农业来讲，未来我国农地经营规模户均耕地仍然偏小，但能提升到几十亩的水平。但是从统计数据来看，这个目标任重道远。图 4 - 3 是根据表 4 - 1 绘制出的经营耕地不同亩数的农户数变化趋势图。2009 ~ 2018 年我国经营 10 亩以下的农户仍然是农业经营的主体，农户所占比例均超过 80%，在数量上占有绝对优势；经营 10 ~ 30 亩的农户占比为 10% ~ 12%；前面两类农户所占比例加起来超过 90%，从数据可以看出，我国小农数量庞大，农地流转到大户手中的概率并不高。经营 30 ~ 50 亩的农户所占比例则更低，仅为 2% ~ 3%；具体来讲，2009 ~ 2018 年，经营 10 亩以下的农户数一直保持在 2.2 万 ~ 2.3 万户，占比一直保持在 84% ~ 86%，2018 年经营 10 亩以下的农户数相较于 2009 年不仅没有下降，反而攀升了 0.4 万户，2018 年仍高达 85.3%；经营 10 ~ 30 亩的农户所占比例除了在 2010 年小幅度下滑外，之后几年一直保持在稳定水平，占比为 2% ~ 3%；经营 30 ~ 50 亩的农户数在样本期变动较小，保持稳定，占比为 2% ~ 3%；经营 50 亩以上的农户所占比例非常低，但数量少，保持在一个稳定水平，由 2009 年的 1.21% 变为 2018 年的 1.6%，增幅甚微，其中 2010 ~ 2018 年该比例出现了细微的增幅，占比为 1% ~ 2%。从图 4 - 3 可以直观地看出我国经营耕地不同亩数的农户数变化总体趋势平稳。除了经营 10 亩以下农户数在 2009 年、经营 30 ~ 50 亩的农户数在 2012 年有一个较大波动之外，其他农户数均保持平稳趋势。从表 4 - 1 可以非常清晰地看出，我国目前虽然大力推行农地流转，但是流转行为多局限在小农之间，上述数据均表明农地流转小农复制的"内卷化"局面将成为我国现代规模农业的重大约束。

表 4 - 1　经营不同亩数耕地的农户数占比　　　　　单位：户，%

年份	10 亩以下	占比	10 ~ 30 亩	占比	30 ~ 50 亩	占比	50 ~ 100 亩	占比	100 ~ 200 亩	占比	200 亩及以上	占比	农地流转率
2009	19023.6	84.02	2762.8	12.20	582.3	2.57	189.5	0.84	60.8	0.27	23.8	0.11	12.00
2010	22387.4	85.79	2825.2	10.83	609.0	2.33	609.0	0.77	201.2	0.19	48.8	0.09	14.65
2011	22659.3	85.94	2819.3	10.69	611.4	2.32	197.1	0.75	53.2	0.20	25.7	0.10	17.84
2012	22523.3	86.11	2741.8	10.48	603.5	2.31	204.9	0.78	56.9	0.22	25.7	0.10	21.24
2013	22666.4	85.96	2711.8	10.28	673.6	2.55	225.8	0.86	62.9	0.24	28.9	0.11	25.70

续表

年份	10亩以下	占比	10～30亩	占比	30～50亩	占比	50～100亩	占比	100～200亩	占比	200亩及以上	占比	农地流转率
2014	22815.7	85.93	2703.4	10.18	691.5	2.60	235.5	0.89	75.0	0.28	31.2	0.12	30.36
2015	22931.7	85.74	2760.6	10.32	695.4	2.60	242.3	0.91	79.8	0.30	34.5	0.13	33.29
2016	22968.0	85.51	2814.4	10.48	700.6	2.61	251.9	0.94	87.7	0.33	36.6	0.14	35.14
2017	23098.0	85.30	2864.0	10.60	722.8	2.70	267.5	1.00	93.3	0.30	41.3	0.20	36.98
2018	23313.6	85.30	2867.9	10.50	730.0	2.70	272.6	1.00	97.9	0.40	43.3	0.20	38.92

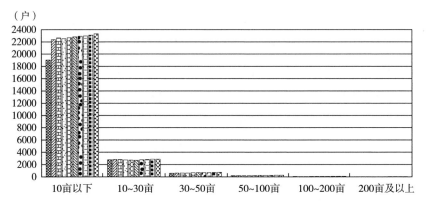

▧2009年 ▨2010年 ▤2011年 ▥2012年 ▦2013年 ▧2014年 ●2015年 ▭2016年 ▦2017年 ▧2018年

图4-3 经营耕地不同亩数的农户数变化趋势

4.2.3 流转合同签订率提升，流转形式以出租（转包）为主

4.2.3.1 流转合同签订

马贤磊等（2015）认为，随着农户法律意识的提高，不论是流转入户还是流转出户签订转入户流转合同的比例均大幅提升。尽管签订书面合同的契约形式比例在增加，但程序上仍然不规范，特别是流转双方权责不明确，流转合同的签订流于形式且规范性和可操作性不高（刘文勇等，2013）。从图4-4中的统计数据来看，2009～2018年，我国签订的耕地流转合同数量偏低，说明流转制度尚不规范。2009年，我国签订流转合同的份数仅为1714万份，到2018年也才增长到了5678万份，签订份数少，签订比例也低。说明我国推行农地流转政策以来，

农户流转行为以口头承诺为主。由图 4 - 5 可以看出，到 2017 年，我国土地经营权流转合同签订份数达 5536 万份，流转合同签订涉及的耕地面积达 3.5 亿亩，流转合同签订比例增长到了 68.3%，这个阶段流转合同签订比例有所增加，流转合同签订对提升农户流转意愿和保障流转双方权益有着非常积极的意义。

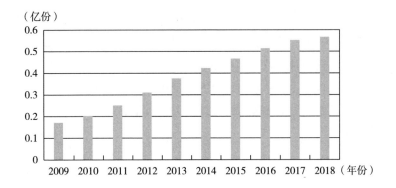

图 4 - 4 签订耕地流转合同份数

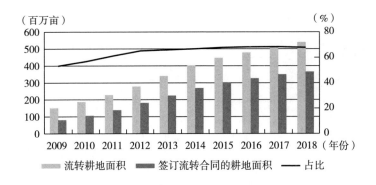

图 4 - 5 签订流转合同的耕地面积及占比

4.2.3.2 农地流转方式

随着农地流转政策的大力推行和农村土地流转市场快速发展，流转模式实现了创新和发展，但出租（转包）仍然是主要的农地流转方式。黄祖辉等（2008）的研究结果显示，农户农地的流转方式主要是出租（转包），根据对农户的意愿调查发现，这两个模式在一定时期内保持着较高的比例，调研结果显示 34.6% 的农户选择转包，15.3% 的农户选择出租，14.1% 的农户愿意互换，11.3% 的农户选择转让。出现这种现象的原因在于各类流转模式在操作上灵活性的区别，农户倾向于选择操作简单、灵活方便的流转模式。宋辉和钟涨宝（2013）的研究结果与之基本一致，他们的研究表明出租（转包）是农户倾向选择的流转模式，其中出租比例为49.8%；其次是转包形式，为33.7%。从近年来的统计数据看，转包、转让和互换所占比例在逐步减少，而出租比例有所上升。股份合作的农地流转方式在一定水平上有波动，但一直保持在4%~6%。有研究预测，随着农地市场不断发展，股份合作土地流转模式在未来可能会成为后起之秀，成为农村土地流转的主要方式。从2017年开始，农地流转方式的统计口径发生了变化，将出租（转包）放在一起统计。从2018年的农地流转的主要形式的分布来看，出租（转包）仍然是目前首要的流转形式，占比81.09%，其次是互换5.79%和股份合作5.47%，其他形式占比为4.90%，转让依然保持较低的比重，占比仅为2.74%（见图4-6）。

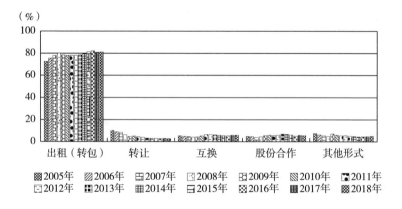

图4-6　2005~2018年不同流转方式占比

4.2.4　流转入专业合作社面积上升较快

从图4-7数据可以看出，在我国农村农地流转过程中，农地流转转入主体以农户为主，也就是说流转行为主要发生在农户与农户之间，即使数据显示该比例由2009年的71.6%下降到2018年的57.17%，但这种现象在样本期仍是一种常态，农地没有大规模流入专业合作社和职业规模农户手中，这可能是我国农地流转大规模农户数量偏少的原因所在。但是数据也显示了积极的一面，样本期流转入专业合作社的面积上升速度较快，上升持续时期较长，由 2009 年的 8.87%上升到 2018 年的 22.47%，这两种流入形式成为当前较为核心的形式。2018 年流转入专业合作社和农户的比例总和达 79.64%，成为流转后较主要的两类农业经营主体。2009~2018 年流转入企业的总面积偏低，所占比例总体保持在 8%~11%，农业发展通过企业实现产供销一体化的格局尚未实现，农业产业化路程发展困难重重。农地流转入其他主体的总面积较为稳定，波动的范围比较小，2009~2018 年流转入其他主体的面积比例保持在 9%~11%，波动很小。样本期流转入企业、农户以及农业合作社的农地面积比例都有不同程度的变动，分别由 2009年的 8.87%、71.60% 和 8.87% 调整到 2018 年的 10.31%、57.17% 和 22.47%。这项数据表明，小农依然是农业经营主体，但是农地流转入专业合作社面积上升较快，我国农村土地流转在一些地区正慢慢趋于规模化和组织化。

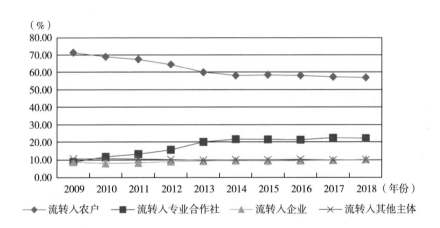

图 4-7 不同转入主体所占比例

4.2.5 新型农业经营主体和新型职业农民初具规模

农地流转极大地刺激了新型农业经营主体和新型职业农民的产生，他们将推动我国农业从传统的家庭承包经营向专业化经营的现代农业方式的转变。新型职业农民是中国的技术农民，能快速对农业政策做出反应，具有比传统小农户更高的农业技术吸收能力和新品种、农业核心技术推广能力。小农户对市场了解不够，所以在自身进行决策时，没能够对市场进行充分的调研，也不明白市场的发展趋势，新型农业经营主体能有效协调各主体与市场之间的关系且能对小农户提供一定帮助。作为新技术和新产品推广的载体和我国现代农业力量发展的基石，新型农业经营主体和新型职业农民将推进我国农业市场革新和提高我国农业技术水平。我国的新型农业经营主体发展迅速，2017 年底该数量超出了 300 万个。新型职业农民虽然起步并不算早，但发展势头良好，数量已达 1400 万人，这两类群体在经济发展较快的东部地区和中部地区表现尤为突出。有大量研究表明，在农业现代化进程的不断推进下，这两类队伍在未来还会进一步扩大并成为农业经营活动中的主力。家庭农场是农业生产中常见的一种经营主体，数量已达 87.7 万家，其平均经营规模已达 170 亩，远超全国农地流转平均经营规模水平。农业合作社的数量也在逐步壮大，2017 年达 188.8 万家，为农业现代化积累了较多成功的经验，农业产业化的经营组织也逐步发展起来，增加了农产品附加值，推动着中国农业产业化和产供销一体化局势，该组织数量达 38.6 万个之多（其中的龙头企业达 13 万家）。此外，农业发展的相关服务机构也在慢慢兴起，为农业经济快速发展贡献力量，2017 年我国开办的农业生产的托管服务组织数量为 15.3 万家。随着农地流转的广泛推进，新型农业主体和新型职业农民的数量还会继续增加，为中国农业实现现代化贡献力量。

4.2.6 流转"非粮化"问题严峻

从图 4-8 可以看出，2009~2018 年流转后土地大部分还是用于种植粮食作物，相对非粮种植来讲，并没有占据绝对优势，样本期种粮面积比例一直保持在 50%~60%。从图形的总体趋势来看，我国土地流转后用于种植粮食作物面积的比例存在一定的波动，总体表现为一个上升阶段和两个下降阶段。具体来讲，第一个阶段（2009~2011 年），流转后用于种植粮食作物面积的比例是下降的。在农地流转推行的前期阶段，农户通过流转土地种植非粮作物获得更多的农地收益。传统小农经济下，农户倾向于种植粮食作物以保证农产品自我供给，而农地流转后流转入户将农地用于经济作物种植能获得更高的比较利益。第二个阶段（2011~2014 年），流转后用于种植粮食作物面积的比例有所提升，说明农地流转"非粮化"的局面在该阶段得到一定程度的控制，然而它改善的时间比较短。第三个阶段（2014~2018 年），流转后用于种植粮食作物面积的比例再次下降。

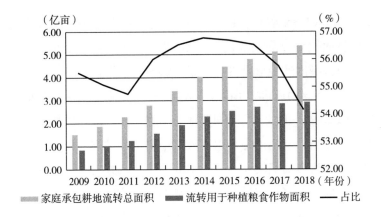

图 4-8 种植粮食作物面积占流转总面积的比重

4.2.7 我国农地流转的其他特征

4.2.7.1 农地流转存在明显的区域差异

第一，东部地区比中部地区、西部地区拥有更高的农地流转率。2011 年底，上海、北京、江苏、浙江、重庆农地流转比例最高，分别是 58.2%、46.2%、41.2%、40.3%、38.2%，远高于全国平均水平。2014 年农地流转比例分别是上海 71.5%、江苏 58.4%、北京 52.0%、黑龙江 50.3%、浙江 48.0%、安徽 41.0%、重庆 39.7% 以及河南 37.1%。到 2018 年，中国农地流转比例最高的省份是上海、北京和江苏，它们的流转率分别是 85.08%、67.52% 和 60.18%。浙江 58.43%、黑龙江 51.6% 排名第四和第五。由此看出，2018 年流转率排名前四位的都位于我国东部地区，远超我国 2018 年农地流转率平均水平（38.92%）。流转水平以海南 10.09% 和云南 22.93% 最低[①]。从统计数据来看，中国经济发达地区工业化和城镇化进程较快，农民拥有更多的非农就业和兼业机会，流转需求较大，因此拥有较高的流转率，这种现象在中国还将会持续。

第二，中部地区种植粮食作物面积占流转总面积的比重远高于东部地区、西部地区。东部地区种粮比例正在上升，2009～2018 年，东部地区的谷物种植比例平均增长了 3%。近年来我国东部地区农地流转"非粮化"问题受到重视，在一定范围

---

① 数据来源：根据历年《中国农村经营管理统计年报》整理所得。

内得到了控制，而在中部地区、西部地区"非粮化"形势依然十分严峻。

第三，流转面积与交易宗数不成正比。根据土地流转网公布的报告我们总结得出，由于受到区域间的地形差异等因素的影响，流转面积与交易宗数不一定成正比（见图4-9）①。2018年，山东、内蒙古和湖北流转比例跻身前三名。然而就土地交易宗数来说，江苏、广东和浙江3个省份表现最为活跃。原因在于北方机械化程度比南方高，土地更为平坦，大宗地块更容易进入流转市场。因此，北方交易宗数少，但流转面积较大，两者不成正比。南方土地更为细碎化，各省份流转交易数量不低，但流转交易的总面积并不大。这种地区差异表明，各地区土地经营规模受到自然条件的限制，流转难度和流转质量应区别对待。随着土地流转政策的进一步普及、土地配套基础设施的进一步改善，加上互联网技术为跨区流转提供了便捷，有研究预测中国北方土地流转交易的频率将大大增加，南方流转土地的总面积有望持续增加。

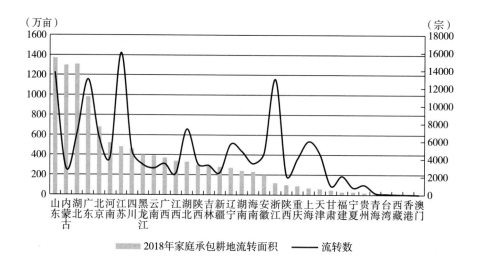

图4-9 流转面积与交易宗数

第四，东部地区农地流转价格较中西部地区更高。流转价格因地而异，但基本符合一条规律，经济越发达则流转定价越高。有调查研究表明，2010年江苏

省的农地流转价格为400～800元/亩/年，江西省为50～250元/亩/年，地区间存在成倍的价格差异（申云等，2012）。成都市流转价格为1200元/亩/年左右，地区间流转价格差异高达3～4倍（毛飞等，2012）。根据土地流转网2019年11月公布的报告我们发现，各地的土地的流转价格因地区而异，特别是在东部地区和西部地区。土地流转价格位列第一梯队的北京、上海、台湾、澳门、天津等经济发达地区，均价为1400～1800元/亩/年。山东、河北、河南、浙江、江苏、黑龙江、吉林、广东是东部地区主要的农业省份，位列第二梯队。西部地区流转面积较大，但是流转价格位列第三梯队①。

第五，流转模式的地区差异。2018年流转模式地区差异表现为，中部地区出租（转包）和转让面积占流转面积比例均高于全国平均水平，其中出租（转包）面积比例是全国的1.3倍，转让面积比例是全国平均水平的1.23倍。东部转包面积占流转面积的4.66%，西部地区占比为2.19%，中部占比为3.55%（见图4-10）。中部地区流转模式中互换、其他形式、出租（转包）和转让的土地流转模式均稳居第一，且流转占比均在40%以上。而东部地区股份合作流转方式占比最高，为41.4%，股份合作方式作为较先进的流转模式在经济最发达的东部地区占比最高，说明东部地区市场机制较为完善，农户更容易吸纳较

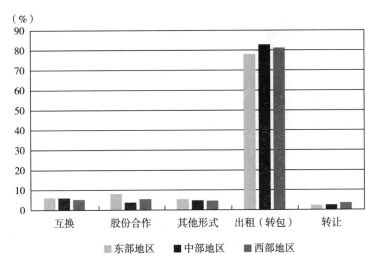

图4-10　2018年分区不同流转方式占比

为先进的流转模式。西部地区转让模式占比最高，为35.6%。从流转方式来看，三个地区流转方式都以出租（转包）为主，占比均大于78%。其他流转方式差距不明显。

4.2.7.2 农地流转的租金逐年上升

包宗顺等（2009）调查发现，近年来江苏省流转租金逐年上升。从土地流转网上获取的信息来看，2019年北方的流转成本多低于南方。东南沿海地区流转价格在1000元以上。位于南北分界线的河南省某县，流转价格却只有沿海地区的一半。贺振华（2003）以经济学理论为依据系统分析了土地流转价格的影响因素，认为市场才是决定农地交易价格的因素，也就是说农户自身对农地的需求、农地流转供给状态和农户经济收入状况决定了农地租金的高低。江淑斌和苏群（2013）则从不同的角度展开研究，认为现阶段我国农业结构调整、劳动力的非农转移、农地市场发育状况等因素对土地价格产生了影响。近年来农地流转价格随着物价水平稳步上升，农业作为受制于自然条件的产业，存在经营的风险，且粮食种植利润空间较低，农户收益得不到保障，种植非粮作物能获得相对较高的投资回报率，农户非粮化行为对农地流转租金上涨也产生了一定影响。

4.2.7.3 农地流转市场化程度较低

这主要表现在以下方面。一方面，缺少土地转让交易组织。交易平台指的是交易的地方和监管机构，摞荒局面的产生是因为缺乏交易平台，流转供需交易双方的信息不对称等导致农地盲目或偶然流转，转出户通过非农生产能获得收入回报，而转入户相对转出户而言要承担更多的交易成本。另一方面，流转中介服务体系相对落后使得农地流转效率无法提升。

4.2.7.4 农地流转的期限较短

流转周期以中短期为主（陈和午和聂斌，2006；骆东奇等，2009）。夏兴等（2018）针对2014~2017年的微观调研发现，2014年流转农户样本中流转周期在一年以内的农户最多（农地转入户为205户，农地转出户为119户），流转周期10年以上的转入户仅有97户，转出户有116户。2015年农户选择1~3年的转入农地期限样本数量最多。2016年统计的农户转入农地期限分布较为平均，选择3年或更长期限转出农地的农户样本数量明显较多，经计算，所占比例超过了70%。2017年的农地转入期限状况与2016年较为相似。经统计，湖北省与山东省的农户农地平均转入期限较长，而黑龙江省的农户大多选择较短期限的农地流转，平均转入期限为 3 年，转出期限为 5 年。

4.2.7.5　农地流转市场化风险较难消除

主要表现在：一是流转后面临的市场竞争风险。农地流转需要有实力企业拉动农村经济。然而农地"三权分置"经营权市场化流转，小农作为弱势群体，利益容易受到打压，从而无法以公平的方式进行交易，农户利益被剥夺。二是承包经营土地市场开发的风险。流转入农地进行农业生产，可能出现不可抗拒的自然灾害或投资失败的情况，从而导致经营主体收入无法保障的风险。三是农业企业资本注入流转农地后，可能存在用简易的农地基础设施套取国家农业补助的情况，不直接从事农业生产，而是以二次、三次转手流转农地寻租赚差价，或以农业设施为名进行房地产开发，抑制了现代农业的发展。

4.3　本章小结

经过系统研究，本章得出以下结论：

第一，按时间顺序梳理了我国从 1978 年以来的农地流转政策文件，归纳总结了我国农地流转制度的演变过程，指出我国农地流转经历的五个阶段。

第二，结合全国农村经济情况统计资料，分析得出我国农地流转运行现状：农地流转范围扩大，增速下滑；农地流转存在小农复制的"内卷化"现象；流转合同签订率提升，流转形式以出租（转包）为主；流转入专业合作社面积上升较快等。

第三，结合国内文献，归纳出我国农地流转存在明显区域差异、租金逐年上涨、市场化程度较低、流转期限较短等特征。

第5章 中国农业全要素生产率测算、分解及收敛性分析

——基于 HMB 指数

本章将基于中国农业省级面板数据，采用非参数 HMB 生产率指数法对中国农业全要素生产率进行测算与分解，分东部地区、中部地区、西部地区系统分析农业全要素生产率的地区差异。利用经典收敛回归模型，对农业全要素生产率的收敛性进行检验，分别从 δ 收敛、绝对 β 收敛和条件 β 收敛进行收敛检验并揭示条件收敛的影响因素。

5.1 农业全要素生产率（TFP）的测算与分解

5.1.1 方法的选择——HMB 指数

测量农业 TFP 的参数估计方法能较好地解决测度误差的问题，但使用中受到函数设定和误差分布假设的限制。非参数方法较好地弥补了这一缺陷，Malmquist 指数法作为数据包络分析非参数方法应用较为广泛，它采用线性规划技术基于投入和产出数据构造生产前沿面测算效率，但存在从投入或产出角度定义的随意性缺陷，从而造成结果不可比性。HMB 指数能有效克服上述局限，主要遵循如下几个步骤（Bjurek Hans，1996）：

5.1.1.1 定义投入与产出距离函数

Malmquist 生产率指数用 m（投入种类）维向量 X（投入数量）表示投入向量，用 k（产出种类）维向量 Y（产出数量）表示产出向量。

在 P（X）上定义的产出距离函数 $D_o(X, Y)$ 为：

$$D_o(X, Y) = Min\{\delta(Y/\delta) \in P(X)\} \tag{5-1}$$

根据定义，如果 $D_o(X, Y) > 1$，表明用现有的投入 X 生产不出 Y；如果 $D_o(X, Y) \leqslant 1$，它测度的就是技术效率；如果 $D_o(X, Y) = 1$，表示技术充分发挥效率。

参照产出距离函数的定义，投入距离函数可以表示为：

$$D_I(X, Y) = Max\{\rho: (X/\rho) \in L(Y)\} \tag{5-2}$$

如果 $D_I(X, Y) < 1$，表明用现有的投入 X 生产不出 Y；如果 $D_I(X, Y) = 1$，表示技术充分发挥效率。用数学规划求解式（5-1）和式（5-2）的距离函数：

$$[D_o(X, Y)]^{-1} = Max\alpha$$

$$s.t. \ -\alpha y_i + Y\lambda \geqslant 0$$

$$x_i - X\lambda \geqslant 0$$

$$\lambda \geqslant 0$$

$$[D_I(X, Y)]^{-1} = Min\theta$$

$$s.t. \ -y_i + Y\lambda \geqslant 0$$

$$\theta x_i - X\lambda \geqslant 0$$

$$\lambda \geqslant 0$$

其中，Y 为所有 N 个省份 N×M 维的产出矩阵。X 为所有 N 个省份 N×K 维的投入矩阵；λ 为 N×1 维的权重向量；α 和 θ 为标量（scalar）。

5.1.1.2 计算产出导向与投入导向 Malmquist 指数

从 s 时期到 t 时期，以 S 时期的技术 T^S 为参照的 Malmquist 指数定义为：

$$M_o^s(y_s, x_s, y_t, x_t) = D_o^s(y_s, x_t)/D_o^s(y_s, x_s) \tag{5-3}$$

同样，从 s 时期到 t 时期，以 T 时期的技术 T^T 为参照的 Malmquist 指数定义为：

$$M_o^t(y_s, x_s, y_t, x_t) = D_o^t(y_t, x_t)/D_o^t(y_t, x_s) \tag{5-4}$$

Caves 等（1982）用式（5-3）和式（5-4）的几何平均值，导入从 s 时期到 t 时期的产出角度的 Malmquist 指数。

$$M_o(y_s, x_s, y_t, x_t) = \left[\frac{D_o^s(y_s, x_t)}{D_o^s(y_s, x_s)} \times \frac{D_o^t(y_t, x_t)}{D_o^t(y_t, x_s)}\right]^{1/2} \tag{5-5}$$

类似产出角度的定义，投入角度的 Malmquist 生产率指数为：

$$M_I(y_s,\ x_s,\ y_t,\ x_t)=\left[\frac{D_I^s(y_s,\ x_t)}{D_I^s(y_s,\ x_s)}\times\frac{D_I^t(y_t,\ x_t)}{D_I^t(y_t,\ x_s)}\right]^{1/2} \qquad (5-6)$$

5.1.1.3 定义 HMB 生产率指数

采用投入还是产出距离函数求解取决于两者中哪个向量可以控制。然而，在投入和产出向量皆可控时，Farrell（1957）和 Caves 等（1982）的 Malmquist 指数选择变得不可确定。基于此，Bjurek（1996）提出了 HMB 指数。

$$HMB(y_s,\ x_s,\ y_t,\ x_t)=M_O(y_s,\ x_s,\ y_t,\ x_t)/M_I(y_s,\ x_s,\ y_t,\ x_t) \qquad (5-7)$$

其中，$M_O(y_s,\ x_s,\ y_t,\ x_t)$ 是从 s 期到 t 期产出角度的 Malmquist 指数，$M_I(y_s,\ x_s,\ y_t,\ x_t)$ 是从 s 期到 t 期投入角度的 Malmquist 指数。

5.1.1.4 农业 TFP 分解指数

$$lnHMB(y_s,\ x_s,\ y_t,\ x_t)=lnTC_{s,t}+lnEC_{s,t}+lnSC_{s,t}+lnME_{s,t} \qquad (5-8)$$

$$lnTC_{s,t}=ln\left[\frac{D_o^t(x_s,\ y_s)\,D_o^t(x_t,\ y_t)}{D_o^s(x_s,\ y_s)\,D_o^s(x_t,\ y_t)}\right]^{1/2} \qquad (5-9)$$

$$lnEC_{s,t}=ln\left[\frac{D_o^t(x_t,\ y_t)}{D_o^s(x_s,\ y_s)}\right] \qquad (5-10)$$

$$lnSC_{s,t}=\left[\frac{\rho_o^s+\rho_o^t}{2}-1\right]lnS_{s,t} \qquad (5-11)$$

其中，$\rho_o^s=-ln\left[\dfrac{D_o^s(S_{s,t}x_s,\ y_s)}{D_o^s(x_s,\ y_s)}\right]/ln\left[\dfrac{D_i^s(S_{s,t}x_s,\ y_s)}{D_i^s(x_s,\ y_s)}\right]$; $\rho_o^t=-ln\left[\dfrac{D_o^t(x_t,\ y_t)}{D_o^t\left(\dfrac{x_t}{S_{s,t}},\ y_t\right)}\right]/$

$ln\left[\dfrac{D_i^t(x_t,\ y_t)}{D_i^t\left(\dfrac{x_t}{S_{s,t}},\ y_t\right)}\right]$。

$$lnME_{s,t}=\frac{1}{2}ln\left[\frac{D_o^s(S_{s,t}x_s,\ \gamma_{s,t}y_s)}{D_o^s(x_t,\ y_t)}\right]+\frac{1}{2}ln\left[\frac{D_o^t(x_s,\ y_s)}{D_o^t\left(\dfrac{x_t}{S_{s,t}},\ \dfrac{y_t}{\gamma_{s,t}}\right)}\right] \qquad (5-12)$$

式（5-9）至式（5-11）中 TC、EC 和 SC 分别表示从 s 期到 t 期的技术进步变化率、技术效率变化率和规模效率变化率；ρ_o^s 和 ρ_o^t（介于 0 和 1 之间）分别表示 S 时期和 T 时期的规模弹性。$S_{s,t}$ 表示投入角度的 Malmquist 生产率指数，$\gamma_{s,t}$ 表示产出角度的 Malmquist 指数。式（5-12）中，ME 是配置效率。HMB 生产率指数等于 1 表示没有发生变化，大于 1（小于 1）表示生产率状况改进（恶化）。对于其组成部分技术效率 EC、技术进步 TC、规模效率 SC 和配置效率 ME 也是同样的解释。利用 HMB 指数计算的是第二年较上一年的环比值，因此可以较为方便地测度效率的变动趋势和动态特征。

5.1.2　数据的来源

农地流转是本书的关键解释变量，从《中国农村经营管理统计年报》中得到 2005～2018 年的农地流转相关数据，因计算 HMB 中会抵消前两年和最后一年的数据，考虑数据面板平衡问题，研究将测算 HMB 的投入产出数据增加 3 年，根据 2003～2019 年全国 30 个省份 17 年农业投入产出面板数据（不包括港澳台和西藏数据），测算得出从 2005 年至 2018 年的 HMB 指数。为进一步观测农业 TFP 的地区差异，根据行政区域划分，将中国划分为东部地区、中部地区和西部地区，所需数据主要来自 2004～2020 年的《中国农业统计年鉴》，同时结合 2005～2018 年《全国农村经济情况统计资料》和《中国统计年鉴》中相关数据整理并计算得出。考虑通货膨胀的影响，产出变量选取历年农林牧渔业总产值并以 2003 年为基期价格进行平减处理，部分年份数据缺失，研究采取回归预测计算获得，数据的统计说明在下文中将进行详细介绍。

5.1.3　变量的统计与说明

运用 HMB 指数方法，确定投入和产出变量。就测算农业 TFP 而言，投入和产出变量的选择尽管大致相同，不同文献中也存在一定的差异，尤其是投入变量，存在一定的主观性和随意性，导致测算结果相差甚远。本书借鉴 Soriano 等（2003）提供的较为规范的分析框架，选用的农业生产的投入和产出指标解释如下。

（1）农业产出变量。

平减农林牧渔业总产值 Y（单位：亿元）：本书是对农业宏观层面进行的整体研究，农林牧渔业总产值是公认的能够较好反映宏观农业产出水平的指标。为了保证产出变量与投入变量的口径一致，本书采用 Wu（2001）、Soriano 等（2003）、李谷成（2009）的做法，用农林牧渔业总产值表示农业产出变量，选取 2003～2019 年农林牧渔业总产值并以 2003 年为基期价格进行平减处理。

（2）土地投入。

研究认为播种面积比耕地面积更恰当，故用播种面积 X_1（单位：千公顷）

表示土地要素投入。

（3）劳动力投入。

第一产业就业人员 X_2（单位：万人）。农林牧渔业就业人员第一产业就业表示劳动力投入，不包括在农村从事工业、建筑业、交通仓储和邮电业等非农行业的就业人员。2005～2018年的数据来自《中国农村经营管理统计年报》，2003～2004年的数据则来自《中国农村统计年鉴》。

（4）农业机械投入。

农业机械总动力 X_3（单位：万千瓦）。农业机械总动力包括用于农、林、牧、渔业的各种动力机械的动力总和。

（5）化肥投入。

农用化肥施用量 X_4（单位：万吨）。指本年内实际用于农业生产的化肥数量，包括氮肥、磷肥、钾肥和复合肥。

（6）农药投入。

农药 X_5（单位：吨）。指农业上用于防治病虫害及调节植物生长的化学药剂，它是现代农业发展中非常重要的一种投入要素。

表5-1是投入产出变量的描述性统计。从表5-1描述性统计数据来看，投入产出变量变异系数在0.7～1，中度变异，说明变量在时间和空间上具有一定的稳定性。

表5-1　投入产出变量的描述性统计

变量分类	变量名称	最小值	最大值	均值	标准差
产出变量	平减农林牧渔业总产值（Y）	76.90	8201.80	1899.45	1527.04
投入变量	播种面积（X_1）	98.30	6130.60	2039.18	1543.06
	第一产业就业人员（X_2）	9.10	3321.20	780.34	583.65
	农业机械总动力（X_3）	94.00	13353.00	2995.29	2763.36
	农用化肥施用量（X_4）	6.60	716.10	180.11	140.10
	农药（X_5）	1484.00	173461.00	54561.15	42783.33

5.2　测算与分解结果分析

基于中国农业省级面板数据、HMB生产率指数和R3.4.3软件，对TFP变化指数进行综合测算与分解。根据 HMB 指数公式，测算出结果将抵消掉三年的投入产出数据，测算时输入软件的是 2003～2019 年的投入产出数据，软件将测算出 2005～2018 年的 HMB 指数（见表 5－2）。HMB 指数将农业 TFP 分解为技术进步指数 TC、技术效率指数 EC、规模效率 SC 和配置效率 ME。利用 R3.4.3 软件计算出各个省份农业全要素生产率 HMB 指数和各分解指数，根据相邻两期的数据计算而出的是环比指数，反映的是本期相对于上一期的倍数。从表 5－2 中不难发现，2005～2018 年中国农业全要素生产率 TFP 和规模效率 SC 的环比指数绝大多数年份都是大于 1 的，这意味着在研究期间绝大多数年份农业 TFP 是环比增长的、规模效率总体是提升的。农业技术进步率 TC，只有三个年份的环比指数大于 1，其他 11 个年份均小于 1，这表明研究期内我国农业技术进步率总体是下降的；配置效率 ME 和技术效率 EC 表现则不同，在 1 上下波动。从均值来看，技术效率、规模效率和农业 TFP 环比指数大于 1，而技术进步率和配置效率环比指数小于 1。下文将具体展开分析。

表 5－2　2005～2018 年中国农业全要素生产率的 HMB 指数

指数	TC	EC	SC	ME	TFP
2005/2004	1.000627	1.00344	1.051366	0.95749	1.003803
2006/2005	1.007772	1.00249	0.985463	0.99431	0.985795
2007/2006	0.955850	0.99555	1.189850	0.96753	1.081295
2008/2007	0.984406	1.02898	1.073589	1.02111	1.097741
2009/2008	0.977628	0.99879	0.927398	1.19557	1.072397
2010/2009	0.960372	1.03243	1.334217	0.83953	1.101368
2011/2010	0.934814	0.99529	1.291625	0.93074	1.117030
2012/2011	0.939644	1.00767	1.278744	0.93395	1.127928
2013/2012	0.931159	0.97961	1.356887	0.86680	1.064559
2014/2013	0.954369	0.99507	1.076049	1.09836	1.098583
2015/2014	0.998697	1.06167	1.023756	1.05505	1.125729
2016/2015	0.918261	0.97217	1.389597	0.85383	1.052778
2017/2016	1.054495	1.03715	0.947870	1.05814	1.080502
2018/2017	0.927266	0.97645	1.346221	0.896629	1.071172
Mean	0.967530	1.00620	1.162330	0.976360	1.077191

5.2.1 时间动态趋势

图 5-1 呈现了 2005~2018 年中国农业 TFP 及分解指数的时间动态趋势。

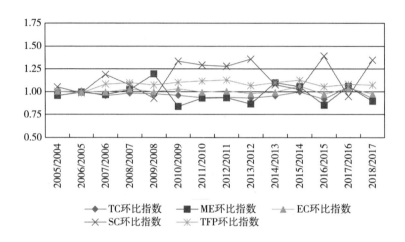

图 5-1 2005~2018 年中国农业 HMB 五项环比指数综合图

5.2.1.1 农业 TFP 指数

第一，2005~2018 年中国农业 TFP 平均增长率为 7.7191%，除了 2006 年农业 TFP 相对 2005 年农业 TFP 出现了下降之外，其余年份的农业 TFP 均处于正向增长的状态，其中最高点出现在 2012 年，比上一年增长了 12.79%，最低点出现在 2006 年，比上一年下降了约 1.4%。

第二，农业 TFP 环比指数在样本期波动较为平缓。我国农业经济在近年来不断发展，尤其是 2016 年前，粮食产量实现十二连增，在投入要素、农业技术和制度改革等多重因素影响下，农业 TFP 环比指数在样本期保持了较稳定的增长。

第三，2016~2018 年，农业 TFP 环比增长速度下滑。一方面，政府鼓励发展第三产业，引导优质劳动力资源向第三产业流动，投入要素流动带来的产业结构变迁对农业 TFP 造成了影响；另一方面，近年来政府通过采取一系列创新经济制度改革，引导中国经济逐步由高速增长向高效增长过渡，且期望通过经济结构性改革来逐步缩小地区发展的不平衡，推动中国经济高效、均衡和稳定发展。如2016 年我国开始深入推进农业供给侧结构性改革就是要改变以产量为导向的农业生产模式，通过调整农业产品结构、升级农业产品质量以适应市场需要和提高农产品国际竞争力。然而一系列的结构调整和改革措施，可能会减缓经济发展的速度，势必给农业 TFP 增长带来影响。

5.2.1.2 分解指数

从农业 TFP 的分解指数来看（见图 5 - 1），样本期规模效率 SC 环比指数年度平均值为 1.16233，平均增长率为 16.23%，为四项分解指数之最，成为贡献农业 TFP 的最主要驱动力。除了 2006 年、2009 年和 2017 年相对上一年增长率下降之外，其他年份均保持了较高的增长率。最高值出现在 2016 年，SC 保持了 38.96% 的高速增长，最低值出现在 2009 年，规模效率相对 2008 年下降了 7.26%，规模效率波动最为剧烈；技术效率 EC 的值围绕 1 上下波动，平均值为 1.00620，平均增长率仅为 0.62%，最高值出现在 2015 年，相对 2014 年增长了 6.167%，最低值出现在 2016 年，较上一年降低了 2.78%，由图 5 - 1 可知，EC 波动较为平缓，变动幅度较小，虽然 EC 平均值为正，对农业 TFP 产生了正向驱动，但对农业 TFP 的贡献甚微，在四项分解指数中没有表现出特别明显的优势；农业技术进步率均值为 0.96753，为负增长，除了 2006 年和 2017 年相对于上一年有所提高之外，其他年份 TC 环比指数相较上一年均下降，说明农业技术进步率对农业 TFP 增长没有起到正向的推动作用，这可能与经济结构性减速有一定的关系；配置效率 ME 年度平均值为 0.97636，也为负增长，配置效率的降低拉低了当年农业 TFP 增长水平。从图形上看配置效率波动幅度仅次于规模效率，波动也较大。农业 TFP、技术效率 EC 与技术进步率 TC 的变动步调类似。总之，样本期内中国农业 TFP 是由规模效率 SC 和技术效率 EC 贡献的，农业技术进步率 TC 和配置效率 ME 相对较低，是农业 TFP 的短板。

5.2.2 空间演化趋势

为更为方便和直观地观测出研究对象，研究将 2005 年、2009 年、2014 年和 2018 年农业 TFP 划分为五个梯段，小于 0.95 为第一梯段，0.95 ~ 1.04 为第二梯段，1.04 ~ 1.13 为第三梯段，1.13 ~ 1.22 为第四梯段，大于 1.22 为第五梯段，这四年的农业 TFP 的空间分布表明，东部沿海地区的农业 TFP 整体较高。我国农业 TFP 并没有体现出明显的空间集聚性，相邻省份的农业 TFP 存在一定差异，分布较为分散，不同地域之间存在显著差异。

进一步地，通过对农业 TFP 生产率指数排序发现，2005～2018 年农业 TFP 排名前三的省份出现频率由高到低为：湖北、山西、黑龙江和新疆，均出现 3 次；其次为宁夏、山东、江苏、重庆、天津、湖南、云南、贵州、浙江和广东，出现 2 次。如果按照排名前五的省份出现频率来统计，黑龙江、湖北、江苏、青海、天津和新疆出现 4 次，北京、甘肃、广西、宁夏、山西、云南、浙江和重庆则出现了 3 次。从排名靠前的省份出现概率来看，东部地区、中部地区、西部地区都有出现，部分省份的农业 TFP 生产率指数较高、频率排名靠前，展现出突出的地理优势，但是波动性也比较明显。从排名上看，农业 TFP 生产率指数并没有表现出突出的地域稳定性。

5.2.3 地区差异

5.2.3.1 省份差异

从表 5-3 可以看出，甘肃的农业 TFP 增长率最快，增长了 11.54%，其次为青海、江苏、黑龙江和重庆，这些地区农业 TFP 增长率均超过 10%，且有一个共同特征就是，这些省份的高农业 TFP 增长主要是通过规模效率拉动的，甘肃、青海、江苏、黑龙江和重庆的规模效率平均增长率分别为 15.12%、26.53%、17.079%、16.51% 和 11.60%；海南的农业 TFP 增长率最慢，仅增长了 3.3%，主要是由 TC 和 ME 下降导致的。

从各省份农业 TFP 的分解指数来看，除了北京年均农业技术进步率 TC 得到一定提升之外（年均增长 0.844%），其他省份的农业 TC 均为负增长，以青海为最低，TC 年均下降 6.736%；除了吉林、河南、云南、甘肃、宁夏、新疆、内蒙古之外，其他省份的 EC 均超过 1，其中以山东的 EC 增长率上升最快，年均上升 3.46%，内蒙古的技术效率增长为最低，年均下降 1.486%；样本期 SC 均为正，成为 TFP 贡献的主要动力，其中青海的平均规模效率达 1.26534，增长非常迅速，安徽 SC 为最低，但是样本期也保持了平均近 10% 的增长，从全国样本来看，SC 总体增长率高达 16.233%。说明 SC 是中国农业 TFP 增长的主要驱动力。样本期除了河南和重庆两省份之外，其他省份的农业 ME 变动均为负，全国整体平均值为 0.97636，其中以上海为最低，仅为 0.939。

表 5 - 3   各省份 2005 ~ 2018 年年均 HMB 环比指数

省份	TC	EC	SC	ME	TFP
北京	1.00844	1.00000	1.10692	0.98310	1.091324
天津	0.96109	1.00132	1.16734	0.98851	1.076601
河北	0.96251	1.01822	1.16026	0.97905	1.089116
辽宁	0.96088	1.01119	1.20569	0.96189	1.095956
上海	0.94411	1.00000	1.24327	0.93900	1.076636
江苏	0.95896	1.02240	1.17079	0.98464	1.105517
福建	0.97359	1.00875	1.14079	0.98617	1.097788
山东	0.98129	1.03461	1.15947	0.98420	1.105752
广东	0.99268	1.01089	1.11858	0.96204	1.063927
海南	0.97149	1.00000	1.10069	0.98992	1.032619
浙江	0.96996	1.01085	1.17521	0.95378	1.067875
东部地区	0.97136	1.01075	1.15900	0.97384	1.082101
山西	0.96333	1.01424	1.16740	0.98041	1.083765
吉林	0.97651	0.98615	1.14979	0.95671	1.042577
黑龙江	0.94332	1.04057	1.16514	0.98009	1.105395
安徽	0.97934	1.00376	1.09769	0.98665	1.054004
江西	0.96741	1.01259	1.20391	0.95603	1.084973
河南	0.97454	0.99535	1.13145	1.01128	1.045447
湖北	0.97752	1.01895	1.13149	0.99065	1.096074
湖南	0.96827	1.00033	1.18415	0.96088	1.081661
中部地区	0.96878	1.00899	1.15388	0.97784	1.074237
四川	0.96853	1.00149	1.13151	0.98294	1.053075
贵州	0.94732	1.00321	1.17242	0.95484	1.054652
云南	0.96114	0.98514	1.19087	0.98457	1.061414
陕西	0.95413	1.00058	1.18209	0.96272	1.055501
甘肃	0.98969	0.99921	1.15124	0.99082	1.115472
青海	0.93264	1.01024	1.26534	0.95505	1.109685
宁夏	0.95845	0.99036	1.20485	0.98468	1.086081
新疆	0.96257	0.98775	1.16754	0.96096	1.046972
广西	0.98390	1.00853	1.13023	0.99239	1.090911
内蒙古	0.95760	0.98514	1.17780	0.97137	1.044087
重庆	0.97458	1.02405	1.11601	1.01551	1.100887
西部地区	0.96278	0.99961	1.17181	0.97780	1.074431
全国	0.96753	1.00620	1.16233	0.97636	1.077191

5.2.3.2 分区差异

我国农业 TFP 存在一定的地区差异（见图 5-2 和表 5-4）。平均而言，东部地区的年均农业 TFP 指数为 1.082101，高于全国平均水平，中部地区和西部地区年均农业 TFP 则分别为 1.074237 和 1.074431，相差不大，但略低于全国平均水平；农业技术进步率 TC 指数地区之间存在一定差异，东部地区、中部地区、西部地区分别为 0.97136、0.96878 和 0.96278，以东部地区为最高，但都小于 1；农业配置效率 ME 存在细微差异，东部地区、中部地区、西部地区分别为 0.97384、0.97784 和 0.97780，以中部地区为最高，但也都小于 1；农业技术效率 EC 存在较大差异，东部地区、中部地区和西部地区分别为 1.01075、1.00899 和 0.99961，以东部地区为最高，西部地区则小于 1；农业规模效率 SC 分别为 1.15900、1.15388 和 1.17181，以西部地区为最高，三个地区农业 SC 均大于 1，年均增长超过 15%。图 5-2 绘制了三个地区各效率指数对比示意图，从图形上看，三个地区五项指数差别不大，但东部地区农业 TFP 略高于中部地区、西部地区。主要原因在于：一是东部地区在农业生产方面具有地形地貌的先天优势，在土壤肥力、气候条件等方面具有相对优势；二是东部地区经济发达，对外开放程度较高，政策制度较为灵活，信息通畅，农民能较快接触先进的农业技术。此外，东部地区农户整体文化素质较高，新型农业经营主体和新型职业农民比例较大且接受新技术的意愿较强烈，技术吸收能力较强。

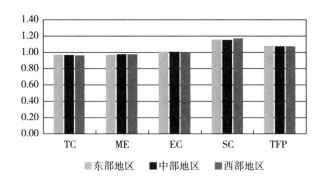

图 5-2 东部地区、中部地区和西部地区各效率指数对比

表 5 - 4　各年度分地区农业 HMB 指数

年份	TC			ME			EC			SC			TFP		
	东部地区	中部地区	西部地区	东部地区	中部地区	西部地区	东部地区	中部地区	西部地区	东部地区	中部地区	西部地区	东部地区	中部地区	西部地区
2005	0.992	0.992	1.016	0.959	0.929	0.976	1.000	0.983	1.022	1.066	1.086	1.012	1.005	0.977	1.022
2006	0.996	1.008	1.020	1.001	0.981	0.998	1.031	0.985	0.987	1.047	0.967	0.937	1.065	0.939	0.940
2007	0.988	0.946	0.931	0.976	0.969	0.958	1.008	1.009	0.974	1.131	1.200	1.241	1.081	1.104	1.065
2008	0.992	1.010	0.958	1.014	1.094	0.974	1.022	1.101	0.984	1.059	0.991	1.149	1.075	1.198	1.047
2009	0.999	0.973	0.959	1.165	1.165	1.248	1.019	0.974	0.997	0.925	0.954	0.910	1.091	1.040	1.077
2010	0.944	0.957	0.979	0.839	0.820	0.854	1.021	1.025	1.049	1.359	1.345	1.302	1.086	1.073	1.137
2011	0.938	0.931	0.934	0.926	0.919	0.944	0.999	0.996	0.991	1.307	1.300	1.270	1.135	1.108	1.106
2012	0.949	0.934	0.934	0.924	0.959	0.925	0.999	1.029	1.000	1.258	1.271	1.305	1.101	1.170	1.124
2013	0.941	0.919	0.930	0.872	0.876	0.855	1.007	0.953	0.971	1.333	1.366	1.374	1.096	1.045	1.047
2014	0.939	0.935	0.984	1.084	1.047	1.150	0.988	0.979	1.014	1.117	1.128	0.997	1.098	1.055	1.131
2015	0.980	1.040	0.987	1.033	1.116	1.033	1.043	1.091	1.059	1.077	0.889	1.068	1.113	1.125	1.139
2016	0.919	0.930	0.909	0.843	0.859	0.860	0.983	0.961	0.970	1.410	1.397	1.364	1.065	1.061	1.035
2017	1.057	1.086	1.029	1.055	1.059	1.060	1.020	1.041	1.052	0.939	0.892	0.998	1.052	1.060	1.124
2018	0.964	0.903	0.908	0.941	0.895	0.853	1.011	1.000	0.925	1.198	1.367	1.479	1.085	1.084	1.048
Mean	0.971	0.969	0.963	0.974	0.978	0.978	1.011	1.009	1.000	1.159	1.154	1.172	1.082	1.074	1.074

5.3　农业 TFP 收敛性分析

收敛即趋同，用来反映经济体逐渐趋近和靠拢的现象。条件收敛探索的是如何通过改善经济增长的外部条件实现经济趋同。探索农业 TFP 趋同现象，对于推动地区经济协调均衡发展具有重要意义。以下就从农业 TFP 的经典收敛展开研究和分析。

5.3.1　δ 收敛及分析

5.3.1.1　δ 收敛公式

δ 收敛检验的具体公式如下：

$$S = \sqrt{\frac{\sum_{i=1}^{n} (X_{it} - \overline{X_t})^2}{n}} \qquad\qquad (5-13)$$

$$CV = \frac{S}{\overline{X_t}} \qquad\qquad (5-14)$$

其中，X_{it} 表示 i 在 t 时期的农业 TFP（技术效率或技术进步），n 表示数量，$\overline{X_t}$ 表示 t 时期 n 个农业 TFP（技术效率或技术进步）的均值，S 表示 t 时期 n 个农业 TFP（技术效率或技术进步）的标准差，CV 表示变异系数。

5.3.1.2 结果分析

（1）总体分析。

把 2005～2018 年 HMB 指数代入 δ 收敛计算公式中，得到 HMB 的变异系数。从表 5-5 和图 5-3 可以看出，农业 TFP 指数及四项分解指数的变异系数均不大，TFP、EC、TC、SC 和 ME 变异系数分别为 0.0959、0.0590、0.0495、0.1287 和 0.0802。农业 TFP 变异指数较稳定，围绕 0.1 上下波动；EC 呈现波动中下降的趋势，TC 的波动较为平缓，其中 2007～2013 年技术进步总体下降趋势明显，说明该时期技术进步出现了收敛的迹象；SC 波动幅度较大，没有表现出收敛的趋势，其变异系数平均值为 0.1148，为五项指数之最。ME 和 SC 的变异系数要明显高于其他三项指数，TC 变异系数最小，其次为 EC 和 ME。农业 TFP 变异系数与 TC 和 EC 变异系数变化趋势相似。从整体来看，均没有呈现出逐渐下降的趋势，说明农业 TFP 指数均没有出现显著的 δ 收敛。

表 5-5　全国 HMB 各指数变异系数

年份	TFP	TC	EC	SC	ME
2005	0.0935	0.0417	0.0555	0.1172	0.0638
2006	0.0934	0.0316	0.0430	0.1136	0.0519
2007	0.1084	0.0604	0.0715	0.1553	0.0728
2008	0.1087	0.0608	0.0797	0.1412	0.0803
2009	0.1218	0.0569	0.0755	0.1013	0.1245
2010	0.0834	0.0521	0.0495	0.0927	0.1002
2011	0.0865	0.0358	0.0404	0.0705	0.0446
2012	0.0861	0.0318	0.0453	0.0895	0.0464

续表

年份	TFP	TC	EC	SC	ME
2013	0.0839	0.0395	0.0595	0.1139	0.0633
2014	0.0902	0.0559	0.0552	0.1693	0.1359
2015	0.1022	0.0549	0.0643	0.1750	0.1002
2016	0.0862	0.0423	0.0475	0.1088	0.0694
2017	0.0912	0.0641	0.0598	0.1706	0.0765
2018	0.1070	0.0648	0.0787	0.1831	0.0931
平均	0.0959	0.0495	0.0590	0.1287	0.0802

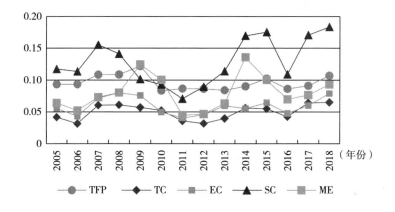

图 5 - 3　全样本 HMB 指数变异系数对比

（2）分区结果。

图 5 - 4 至图 5 - 6 是分区后结果。东部地区农业 TFP 变异系数较中西部地区来说偏低，西部地区的最大；TC 变异系数差别不大，中部地区最低，东部地区偏大；EC 变异系数中部地区为最大，东部地区最小；SC 变异系数值都比较大，东部地区最大，其次为西部地区，中部地区最低；ME 变异系数地区差异较小，中部地区最大，东部地区和西部地区变异系数接近。样本期内全国农业全要素生产率 HMB 指数变异系数与东部地区变化趋势相似，但整体上中部地区和西部地区的变异系数要大于东部地区的变异系数，农业 TFP 和 TC、EC、SC 和 ME 波动均较明显且样本期内并未呈现出下降的趋势，即整体上均未出现显著的 δ 收敛，分区农业全要素生产率 HMB 指数均未呈现显著的 δ 收敛。

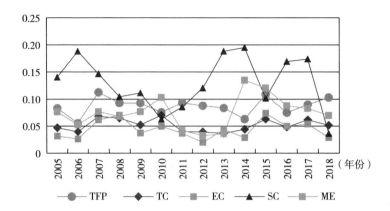

图 5 - 4　东部地区 **HMB** 指数变异系数对比

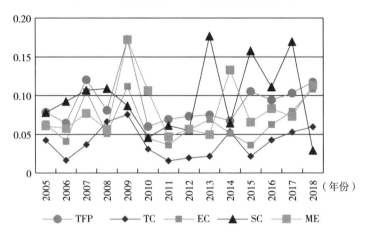

图 5 - 5　中部地区 **HMB** 指数变异系数对比

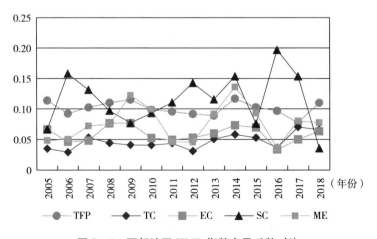

图 5 - 6　西部地区 **HMB** 指数变异系数对比

5.3.2　绝对 β 收敛及分析

5.3.2.1　绝对 β 收敛模型

绝对 β 收敛是指农业 TFP 在不考虑地区资源禀赋、技术及制度等初始条件下随着农业经济发展逐渐趋于同一稳态，由于地理位置上的邻近关系使其地区间经济属性值之间可能存在空间相关性，本部分建立空间计量模型对农业 TFP 进行绝对 β 收敛检验，在 Barro 等（2000）提出的绝对 β 收敛方程的基础上建立空间误差模型，具体如下：

$$\ln\left(\frac{Y_{i,t+1}}{Y_{i,t}}\right) = c + \beta\ln Y_{i,t} + u_i + v_{it} \tag{5-15}$$

其中，c 表示常数项；v_{it} 表示随机误差项；u_i 表示空间效应；$Y_{i,t}$ 表示 i 在 t 时期的农业 TFP 的 HMB 指数，公式左边项表示 i 从 t 时期到 t + 1 时期的农业 TFP 的 HMB 指数；β 代表 $\ln Y_{i,t}$ 的系数项，若 β 系数项为负且通过显著性检验则说明农业 TFP 的 HMB 指数存在绝对 β 收敛，反之，则不存在绝对 β 收敛。

$$\beta = -(1 - e^{-\gamma}) \tag{5-16}$$

$$v_{it} = \lambda(I_t \times W_N) + \varepsilon_{it} \tag{5-17}$$

式（5-16）和式（5-17）中，γ 表示收敛速度，λ 表示空间误差系数，ε 服从正态分布，I_t 表示 14 维单位矩阵，W_N 表示单位空间权重矩阵，权重矩阵为邻接矩阵，按照空间邻接关系建立，两个县若相邻则为 1，不相邻则为 0。

5.3.2.2　结果分析

利用空间误差（SEM）模型对农业 TFP、技术效率及技术进步分别进行绝对 β 收敛检验，借助 Stata15.1 软件输出，具体结果如表 5-6 所示。估计前先对所用数据进行 Hausman 检验，通过 Hausman 检验发现伴随概率均为 0.0000，拒绝原假设，因此，说明在"固定效应"和"随机效应"模型之间，本部分数据更应采用"固定效应模型"。

表 5-6　绝对 β 收敛回归结果

变量	TFP	TC	EC	SC	ME
Intercept（截距）	-0.32065722 (0.57766909 ***)	0.10564908 (0.18945651)	-0.09698189 (0.29898204)	-0.5560854 (0.7946877)	0.2395430 (0.3918754)

续表

变量	TFP	TC	EC	SC	ME
β_1	-1.404747***	-1.419167***	-1.413131***	-1.458785***	-1.443889***
	(0.047627)	(0.049979)	(0.047517)	(0.049064)	(0.046601)
Spatial error parameter	0.180155***	0.536362***	0.153056***	0.682270***	0.697426***
	(0.045375)	(0.048821)	(0.026232)	(0.038612)	(0.037399)
Hausman	25.54**	16.997**	17.136**	10.458**	16.997**
Observations	420	420	420	420	420
R^2	0.527	0.459	0.383	0.635	0.426
Number of province	30	30	30	30	30

注：***、**和*分别表示在1%、5%和10%的水平上显著；括号内数值为标准误。

利用空间误差（SEM）模型对农业全要素生产率 HMB 指数进行绝对 β 收敛检验，结果见表5-6。空间误差项系数（Spatial error parameter）均通过了1% 显著性水平的检验，且系数为正，验证了采用空间计量模型的必要性。5 个模型中β 收敛系数的估计值均通过了1% 显著性水平的检验，且系数均为负，表明农业 TFP 的总、分效率逐渐趋于同一稳定水平，均发生了绝对 β 收敛。这一现象的原因可以从以下方面解释：第一，关于规模效率 SC 的收敛。生产规模较小的农户，通过提高生产规模容易形成规模效率递增的优势。而 SC 较高的地区，生产规模较大，容易出现 SC 递减的现象，因此可引起 SC 收敛。第二，关于农业技术进步 TC 的收敛。一方面是由于各地方积极促进农业技术的推广，加之经济发展和基础设施的不断完善，区位优势逐渐弱化。农业技术在地区的传播推广较快，农业技术进步差距逐渐缩小。另一方面采用较高农业技术的地区需要引进更高级别农业技术，或通过不断技术创新来带动技术进步，而技术进步较慢的地区通过技术推广就可实现技术进步。相对于后者，前者需要投入更多的资金、物力和财力，且实现的难度更大，进而促进技术进步的收敛。第三，关于农业配置效率 ME 的收敛。农地流转活跃了农业要素市场，农地流转后能产生更高的农业收益和边际产出，有利于农业配置效率的提高，近年来，在我国第一产业就业劳动力持续下降的情况下，我们依然见证了中国农业在这 30 多年取得的举世瞩目成就，虽然无法论证农地流转对农业投入要素的流动的决定作用，但是确实有不少学者通过实证研究表明农地流转改善了要素配置。农地流转现代农业是资本和技术密集型农业，实现着农业生产由劳动密集型向资本技术密集型过渡的环节，价格相对便宜的要素（资本）逐步替代价格相对昂贵的要素（劳动力），农业投入要素重新组合与优化。通过此方式获得配置效率提升的地区，会通过持续输入资本以期获得更持久的收益，然而，结果可能适得其反，资本过度增密会引起集聚效应由规模效应向拥挤效应转变，容易引起资金浪费或者资本使用效率低下。除此之外，资本过度增密会使得其他农业投入要素如土地、能源等的稀缺性表现更为明显，地区间农业配置效率差距因此缩小。第四，关于农业技术效率 EC 的收敛。近年来，随着农地有序流转，流入户通过农田整改、地块合并经营将有效改善农田灌溉条件，将使这一比例得到进一步提高。另外，EC 较低的地区，EC 提升空间和潜力较大，而 EC 较高的地区，由于初始值较高，上升空间是有限的，这样地区间的 EC 差异也会逐步缩小，形成 EC 的收敛。

5.3.3　条件 β 收敛及分析

5.3.3.1　条件 β 收敛模型

$$\ln\left(\frac{Y_{i,t+1}}{Y_{i,t}}\right) = c + \beta_1 \ln Y_{i,t} + \beta_z Z + u_i + v_{it} \tag{5-18}$$

其中，β_1 表示省份 i 在 t 时期的农业 TFP 总效率和分效率的估计系数，Z 表示所有的初始条件变量，β_z 表示初始条件变量估计系数。

5.3.3.2　变量选取

对于新古典经济学的绝对收敛观点，新经济增长理论有不同的看法，认为需要考虑不同地区要素禀赋、经济发展水平、技术和制度等初始条件。若初始条件不同，得到的收敛结论可能会存在较大差异，因此，下一步对农业 TFP 及分解指数进行条件 β 收敛分析，并探索其影响因素。本部分参考相关研究（李明文，2020）并结合农业 TFP 收敛的特点，除了核心解释变量效率值外，条件 β 收敛初始变量选取考虑两个方面的因素：第一，农户自身禀赋因素。包括农户素质 jsnm（用经营耕地 30 亩以上规模农户占比表征）、投入要素拥有量 gd（家庭承包耕地面积/亩）、劳均资本量 ljjx（农业机械总动力/第一产业劳动力投入）、有效灌溉 yxgg（有效灌溉面积/耕地面积）。第二，外部环境因素。包括市场化水平 market（数据源于樊纲等的《中国各地区市场化进程报告》，不足年份以环比指数进行相应递推）、财政支农占比 czzn（地方财政支农支出/地方财政总支出）、农业结构 nyjg（农林牧渔总产值/GDP）、工业增加值 gyzjz（亿元）、人口城镇化率 czh（%）、复种指数 fzzs（播种面积/耕地面积）和人均国内生产总值 perGDP（元）变量。条件 β 收敛变量描述性统计如表 5-7 所示。

表 5-7　条件 β 收敛变量描述性统计

变量	最小值	最大值	均值	标准差
市场化指数（market）	2.372	11.563	6.478	1.927
有效灌溉（yxgg）	0.287	2.365	0.775	0.367
复种指数（fzzs）	0.372	3.135	1.935	0.585
劳均农机总动力（ljjx）	0.994	13.892	4.617	2.298
工业增加值（gyzjz）	17.480	37588.130	7163.898	6906.105
人口城镇化率（czh）	26.870	89.600	53.534	13.892
家庭承包耕地面积（gd）	1752428	129984052	43135497	30365930
农业结构（nyjg）	0.275	0.746	0.522	0.086
技术农民占比（jsnm）	0.000	0.983	0.080	0.131
财政支农占比（czzn）	0.012	0.190	0.102	0.035
人均GDP（perGDP）	3603.000	118198.000	33451.271	23076.730

5.3.3.3　结果分析

利用空间误差（SEM）模型对农业 TFP 总效率和分效率分别进行条件 β 收敛的检验，借助 Stata15.1 软件输出，具体结果如表 5-8 所示。估计前先对所用数据进行 Hausman 检验，通过 Hausman 检验发现伴随概率均为 0.0000，拒绝原假设，因此，说明在"固定效应"和"随机效应"模型之间，本部分数据更应采用"固定效应模型"。

表 5-8　条件 β 收敛估计结果

变量	TFP	TC	EC	SC	ME
Intercept	-0.39063761 ***	-0.30962730 *	-0.29604243 *	-0.5870856 *	-0.3298167 ***
	(0.10496906)	(0.17945667)	(0.1698273)	(0.31946772)	(0.0919340)
β_1	-1.40854524 ***	-1.41701480 ***	-1.39698223 ***	-1.4558888 ***	-1.4406954 ***
	(0.04783992)	(0.04992698)	(0.04781218)	(0.0491020)	(0.0470553)
czzn	0.40874300	-0.17363094	-0.06182187	0.0469010	0.3754472
	(0.71306162)	(0.22388481)	(0.31045463)	(0.8140514)	(0.3926772)

续表

变量	TFP	TC	EC	SC	ME
fzzs	0.04585922	−0.01545487	0.00636582	0.0587848	−0.0060824
	(0.03687671)	(0.01249480)	(0.01615334)	(0.0479354)	(0.0234065)
gd	−0.02923530	0.01420704	0.00290818	−0.0441896	0.0124122
	(0.02830282)	(0.00891731)	(0.01229460)	(0.0326470)	(0.0157794)
gyzjz	0.03451092	−0.01086303	0.00207815	0.0352095	−0.0095979
	(0.02266849)	(0.00684946)	(0.00982087)	(0.0243224)	(0.0116830)
jsnm	0.13094493	−0.06129900	−0.00456152	0.3004026	−0.1568841
	(0.12358573)	(0.04652167)	(0.05522860)	(0.1809333)	(0.0887119)
ljjx	0.00577425	−0.00206788	0.00110228	0.0053351	0.0034866
	(0.00886821)	(0.00288252)	(0.00386963)	(0.0107918)	(0.0052441)
market	−0.01972048*	−0.00599710*	−0.00406050*	−0.0210624*	−0.0038405*
	(0.01017641)	(0.00319100)	(0.00222897)	(0.0125636)	(0.0020731)
nyjg	0.16758085*	0.04483975	0.02222778	0.1457385***	0.0089510
	(0.09020756)	(0.05695699)	(0.07845887)	(0.0394905)	(0.1014418)
perGDP	0.07263012*	0.03368787**	0.0237957*	0.1486395*	0.0610257***
	(0.04036798)	(0.01290089)	(0.01439291)	(0.0827820)	(0.0137664)
czh	−0.00086352*	−0.00063097***	−0.00020574*	−0.0055846***	−0.0056581***
	(0.000474798)	(0.00010503)	(0.000125415)	(0.0018336)	(0.0015527)
yxgg	−0.12291317*	−0.03326176	−0.05211757***	−0.6114501***	−0.0150309*
	(0.05979583)	(0.02944092)	(0.01601349)	(0.1528738)	(0.0083718)
Spatial error parameter	0.1884575***	0.584044***	0.148190***	0.639487***	0.8578994***
	(0.0394765)	(0.0514985)	(0.047504)	(0.036483)	(0.038364)
Hausman	25.41**	17.653**	18.083**	10.746**	16.938**
Observations	420	420	420	420	420
R²	0.574	0.483	0.394	0.669	0.472
Number of province	30	30	30	30	30

注：＊＊＊、＊＊和＊分别表示在1%、5%和10%的水平上显著；括号内数值为标准误。

由表5－8可知，空间误差项系数（Spatial error parameter）均通过了1%显著性水平检验，5个模型估计系数 β_1 均通过1%显著性水平的检验，且系数均为负，说明农业TFP的HMB指数均存在条件 β 收敛。

从影响因素的估计结果来看，市场化水平和人口城镇化对农业 TFP 分效率收敛的影响均为负，且均通过了 10% 显著性水平的检验，表明市场化水平和人口城镇化提高有利于农业 TFP 总效率和分效率的收敛。人均 GDP 对农业 TFP 分效率收敛的影响均为正，且均通过了 10% 显著性水平的检验，表明人均 GDP 提高不利于农业 TFP 总效率和分效率的收敛，可能是因为人均 GDP 提升存在地域的差距，这种地区差异不利于农业 TFP 趋于稳态形成收敛。有效灌溉除了 TC 不显著，其他均显著，且为负数，表明灌溉水平提高会促进农业 TFP 的收敛，原因可能是灌溉水平提高能有效提高要素的利用效率，从而促进农业 TFP 提升，不同农业 TFP 更容易趋于各自的稳态形成收敛。农业结构对农业 TFP 和 SC 收敛的影响为正，且分别通过了 10% 和 1% 显著性水平的检验，农业结构不利于农业 TFP 和 SC 的收敛。

5.4　本章小结

本章利用 HMB 指数测算和分解了农业全要素生产率并分析了其收敛性，得出以下结论：

第一，2005～2018 年，中国农业 TFP 平均增长率为 7.7191%，除了 2006 年的农业 TFP 相对 2005 年的农业 TFP 出现了下降之外，农业 TFP 均处于正向增长的状态，其中最高点出现在 2012 年，比上一年增长了 12.79%，最低点出现在 2006 年，比上一年下降了约 1.4%。农业 TFP 环比指数在样本期波动较为平缓。

第二，SC 成为农业 TFP 增长的主要动力，EC 平均增长率仅为 0.62%，对农业 TFP 贡献甚微；TC 和 ME 相对较低，是农业 TFP 的"短板"。农业 TFP 存在地区差异，总的来说东部地区略高于中部地区、西部地区。

第三，农业 TFP 及分解指数均未出现明显的 δ 收敛趋势，但均存在显著的绝对 β 收敛和条件 β 收敛趋势；其中市场化指数、人口城镇化的提高有利于农业 TFP 的收敛，有效灌溉有利于技术进步率之外的其他效率收敛，而农业产业结构和人均 GDP 的提升则阻碍了农业 TFP 的收敛。

第6章 农地流转对农业全要素生产率影响的实证分析

第3章从理论上分析了农地流转对农业全要素生产率（TFP）的影响机理，研究表明，农地流转对农业 TFP 既存在正向影响，也存在负向影响，这种负向影响多在农地流转率较高的情况下出现。当农地流转率较低时，影响为正；当农地流转率过高时，影响有可能为负。理论研究还需要通过实证来检验，为进一步确定农地流转对农业全要素生产率的影响，本章通过建立数据模型，采用面板数据对这种影响进行检验，以期更清晰地分析这种影响的方向和大小。

6.1 模型的构建

根据内生增长理论，土地、劳动力和资本等投入要素可产生累积效应直接作用于农业经济增长。然而，农业技术进步才是保障经济增长的主要源泉。通过借鉴前文国内外研究文献得出，农地流转一方面是通过调整生产要素投入规模与结构以获得更高产出，另一方面是通过提高 TFP 促进农业产出。基于此，本章构建反映农地流转、农业 TFP 和农业经济增长关系的生产函数理论模型：

$$Y = A(\theta, tfg)F(K, L, B) \tag{6-1}$$

其中，Y 表示农业总产出，K，L，B 分别表示农业三大投入要素：资本、劳动力和土地，tfg 表示农地流转，θ 表示影响农业 TFP 的其他因素，本书将从第 1 章国内外研究综述中汇总这一方面的影响因素。模型（6 - 1）中 A（θ, tfg）表示农地流转通过影响农业 TFP 进而对农业总产出产生影响。本书主要分析的是农地流转对农业 TFP 的影响，也就是农业生产函数理论模型（6 - 1）中的 A（θ, tfg) 部分。因此，农地流转对农业 TFP 影响可表示为：

$$GTFP = A(\theta, tfg) \tag{6-2}$$

因此，影响农业全要素生产率的因素被归为两类：一类是核心解释变量，即农地流转变量 tfg；另一类是控制变量，即基于前文国内外研究文献中归纳出来的农业 TFP 的影响因素。通过构建反映农地流转、农业 TFP 关系和农业经济增长的生产函数模型，接下来将采用经济计量模型实证分析农地流转对农业 TFP 的影响。根据研究理论框架，将农地流转 tfg 作为核心解释变量引入模型，结合国内外研究文献中归纳出的农业 TFP 其他影响因素，综合考察我国农地流转对农业 TFP 及其分解指数的影响。建立如下模型：

$$HMB_{it} = \partial + \beta_0 tfg_{it} + \sum_j \varphi_j x_{it} + \mu_i + \varepsilon_{it} \tag{6-3}$$

第 3 章理论分析表明农地流转对农业 TFP 既存在正向影响，也可能有负向影响，当然，这种负向影响多在农地流转水平较高的情况下出现。推动与抑制两种效应的共同作用可能引起农地流转对农业 TFP 的非线性影响，因此，模型将加入 tfg_{it} 的平方项进行检验，模型设计如下：

$$HMB_{it} = \partial + \beta_0 tfg_{it} + \beta_1 tfg_{it}^2 + \sum_j \varphi_j x_{it} + \mu_i + \varepsilon_{it} \tag{6-4}$$

式中，HMB_{it} 表示第 t 年 i 地区的 TFP、TC、EC、SC 和 ME 五个指数，农地流转 tfg 为核心解释变量。为了增强模型的拟合优度，模型根据前文国内外研究综述，将学术界普遍认同的对农业 TFP 具有显著影响的因素作为控制变量 x_{it} 纳入模型。∂ 为常数项，β_0 和 φ_j 等为各变量的待估计参数；μ_i 表示不可观测的省份个体效应；ε_{it} 表示随机干扰标准差。

研究采用面板数据具有以下优势。一方面，可以逐段控制观测期间内各个样本的个体行为差别，较好地控制和处理各个个体的异质性问题。各个省份之间因经济、环境、气候以及自然条件的不同，农地流转对于农业全要素生产率的作用也必然存在差异，面板数据能相对充分地反映个体差异。另一方面，面板数据在处理自由度不足、多重共线性等问题上具有相对优势，且能较好地处理变量的常数项。基于上述优势，除了本章考察我国 30 个省份农地流转对农业 TFP 的影响之外，第 7 章将分区检验农地流转对农业 TFP 影响的区域差异。

6.2　变量与数据

6.2.1　变量介绍

6.2.1.1　被解释变量：农业全要素生产率及其分解指数

由于农业全要素生产率的 HMB 指数为动态增长率，在模型估计时，需要将其转化为累积形式，才能用于下文的实证。本书借鉴程惠芳等（2014）、周志专（2014）、陈鸣（2017）的方法，以2004年为基年，设定2004年农业全要素生产率的 HMB 指数为1。2005年农业 TFP 的 HMB 则等于2004年的 HMB 指数乘以2005年的 HMB 指数，以此类推。按这种计算方法可将样本期农业全要素生产率的 HMB 环比指数转换成累积值。各省份的农业全要素生产率的 HMB 环比指数测算与分解结果详见第5章。

6.2.1.2　核心解释变量：农地流转率

农地流转率 tfg 是本书的关键解释变量，研究根据 2005~2018 年《中国农村经营管理统计年报》中家庭承包耕地流转总面积除以家庭承包经营的耕地面积计算得出样本期各地区农地流转率，图 6-1 是根据农地流转变量值绘制出来的农地流转变量值分布图。

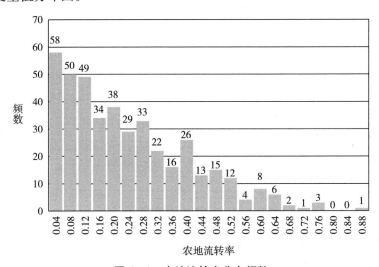

图 6-1　农地流转率分布频数

6.2.1.3 控制变量

除了关键解释变量农地流转率外，本章依据已有的研究成果，尽可能全面地加入农业全要素生产率的影响因素作为控制变量以缓解变量遗漏的问题。

（1）劳均农机总动力（ljjx）。

有研究表明，农业生产机械化程度越高，规模经济效应越明显（尹朝静，2020；薛超等，2020）。研究用农业机械总动力除以第一产业劳动力投入来表示劳均农机总动力，该指标也可以用来反映农业资本深化程度。

（2）复种指数（fzzs）。

有研究表明，农业生产的自然条件对农业 TFP 产生影响（肖望喜和李然，2016）。农地是农业生产最基本的投入要素，农地条件一定程度上决定了农业生产条件（Kukal 和 Irmak，2020）。复种指数（播种面积/耕地面积）用来比较不同年份、不同地区和不同生产单位之间耕地的利用情况，同时，也可用来反映农业生产自然条件。

（3）有效灌溉率（yxgg）。

用来衡量农业水利设施建设水平。有研究证明农业基础设施对农业 TFP 有重要影响（Kukal 和 Irmak，2020；李宗璋，2013）。这里用有效灌溉率来反映各地区灌溉投资形成的农业灌溉设施的差异，用有效灌溉面积除以耕地面积的比值来计算（匡远配等，2019）。

（4）财政支农水平（czzn）。

国内外学者通过理论或实证分析了政府财政支农与农业 TFP 和农业经济增长的关系，指出财政支农刺激了农业技术革新，对农业技术进步率和农业经济增长均产生了显著的积极影响（Salim 等，2020；肖锐，2018；罗浩轩，2017）。本研究中财政支农水平用地方财政支农支出除以地方财政总支出表征，用来反映各地区政府财政支持农业的力度。

（5）农业人力资本（sjysp）。

通常来说，各省份的经济发展水平与人力资本密切相关，对于生产率的影响起到关键作用。大量研究表明，农村人力资本水平不仅对农户学习、采纳农业新技术的意愿产生重要影响，还影响着农户对农业技术的吸收和运用能力（罗浩轩，2017）。有研究论证得出：农村人力资本越高，意味着农民拥有更高的资本投入转化为实际生产力的能力（李谷成等，2007；曹暕，2005；于伟等，2020）。

采用 Barro 等（2000）的方法衡量农村人力资本水平，研究将农业人力资本水平的计算公式表示为：文盲半文盲 ×3 年 + 小学 ×6 年 + 初中 ×9 年 + 高中 ×12 年 + 大专及大专以上 ×14 年。

（6）受灾比例（szbl）。

用受灾比例反映不可控气候条件的影响。频繁的自然灾害约束了农业 TFP 的提高，对农业生产造成负面影响（Kukal 和 Irmak，2020；肖望喜和李然，2016）。本书引入受灾比例来反映各地区农业生产的气候条件对农业生产的影响，计算方法为：受灾面积除以总播种面积。

（7）农业对外开放程度（open）。

农业对外开放程度对一个国家的农业全要素生产率有重要影响，对外贸易被认为是刺激一个国家或地区 TFP 增长的重要方式（Ail，2012；Ababte，2014）。研究普遍认为进出口贸易能带来技术、知识的正外部性。经济全球化的今天，对外贸易不再是简单的进出口，而是成为技术溢出的载体，通过与国际市场接触，"边进口边学习"和"边出口边学习"，学习和获得更多新技术、新产品等，促进 TFP 和经济水平的提高（刘乃郗等，2018；王亚飞等，2019）。通常来讲，一个地区的对外贸易活动频繁、对外开放程度越高，TFP 提高越快（祖立义等，2008）。本章参考陈鸣（2017）在研究中变量的设定，用农产品进出口总额表示农业对外开放程度。

（8）农业结构（nyjg）。

农业结构是影响农业 TFP 的重要因素，通过影响农业资源配置来调整要素结构从而对农业 TFP 产生影响（Salim 等，2020）。农业生产中资本、劳动力投入要素的不断流动与变化，不仅会使农业内部投入和产出结构发生变化，带来农业结构变迁，同时还会对产业结构产生影响。有研究表明，农业结构变迁对农业 TFP 具有重要影响（李明文，2020）。本书用农林牧副渔总产值与 GDP 的比值表示农业结构变量。

（9）人均 GDP（perGDP）。

经济理论和实践经验表明，经济社会发展水平通常会带动农业的增长，区域经济发展对农业增长和技术进步产生巨大的推动作用。农业先进技术的推广与应用、农业生产方式的选择、农业生产技术效率的提高都受到当地经济条件的制约。经济增长通过扩大市场规模、促进产业结构升级推动农业产出的增长，为农业生产者提供市场条件。较好的区域经济条件通常意味着良好的基础设施条件，较完善的生产、金融、信息、技术服务，为农业生产者提供良好的生产服务；因此农业 TFP 与地区的经济发展水平息息相关（Shankar 等，2020；Kul 和 Shankar，2020）。研究用人均生产总值来表示地区经济发展水平。

6.2.2　数据来源说明

考虑数据面板平衡问题和计算 HMB 中会抵消前两年和最后一年的数据，研究将测算 HMB 的投入产出数据增加 3 年，利用 2003～2019 年农业投入产出面板数据（西藏数据不全），借助 R3.4.3 软件测算得出 2005～2018 年的 HMB 环比指数。由于 HMB 指数为动态增长率。在对模型估计时，研究将 HMB 环比指数转化为累积指数用于后文的实证。农地流转是本书的关键解释变量，相关数据从《中国农村经营管理统计年报》中获取。其他所需数据均根据样本期《中国农村经营管理统计年报》、《中国农业统计年鉴》、《中国统计年鉴》、省统计年鉴以及中经网统计数据库中能搜集到的相关数据整理并计算得出。考虑通货膨胀的影响，涉及货币指标均用 GDP 指数按 2003 年不变价进行了平减处理。回归变量样本区间为 2005～2018 年，其中西藏数据不全，未纳入数据分析与计量模型中。

6.2.3　变量描述性统计

各变量的统计性说明如表 6－1 所示。

表 6－1　各变量的描述性统计

变量分类	变量名称	N	Mean	St. Dev.	Min	Pctl（25）	Pctl（75）	Max
被解释变量	农业全要素生产率（TFP）	420	1.755	0.798	0.668	1.123	2.197	4.451
	农业技术进步率（TC）	420	0.783	0.159	0.426	0.656	0.918	1.098
	农业技术效率（EC）	420	1.047	0.151	0.649	0.968	1.127	1.663
	农业规模效率（SC）	420	3.583	2.936	0.838	1.332	5.162	20.835
	农业配置效率（ME）	420	0.848	0.184	0.396	0.724	0.973	1.436
解释变量	农地流转率（tfg）	420	0.218	0.171	0.002	0.078	0.325	0.851
控制变量	劳均农机总动力（ljjx）	420	4.617	2.298	0.994	2.630	6.112	13.892
	复种指数（fzzs）	420	1.935	0.585	0.372	1.395	2.461	3.135

续表

变量分类	变量名称	N	Mean	St. Dev.	Min	Pctl（25）	Pctl（75）	Max
控制变量	有效灌溉率（yxgg）	420	0.775	0.367	0.287	0.475	0.929	2.365
	财政支农水平（czzn）	420	0.102	0.035	0.012	0.080	0.126	0.190
	农业人力资本（sjysp）	420	6.707	0.066	6.484	6.680	6.748	6.866
	受灾比例（szbl）	420	0.211	0.148	0.0086	0.104	0.282	0.936
	农业对外开放程度（open）	420	14.366	2.148	6.428	13.165	15.946	17.870
	农业结构（nyjg）	420	0.522	0.086	0.275	0.466	0.578	0.746
	人均 GDP（perGDP）	420	10.178	0.720	8.190	9.634	10.671	11.680

6.3   初步统计分析

为探讨农地流转与农业 HMB 指数之间的关系，本节首先利用全国总的时间序列数据对两者之间的关系进行探索，研究绘制了全国农地流转率与农业 HMB 指数的拟合图，如图 6 - 2 至图 6 - 6 所示。为了更直观地观测农地流转与 HMB 指数之间的关系，同时绘制了 14 年中所有被解释变量与解释变量的坐标值散点图，如图 6 - 7 至图 6 - 11 所示。其中，横坐标为农地流转，纵坐标为农业 TFP 的 HMB 指数。从图 6 - 2 拟合图来看，农业 TFP 基本随农地流转水平的增加而增加。具体而言，当农地流转水平较低时，农业 TFP 的增加比较慢，而当农地流转水平较高时，农业 TFP 的增加较快。图 6 - 2 至图 6 - 4 绘制了 HMB 分解指数与农地流转的拟合图，总的来讲，TC 随着农地流转的增加递减，但是减少到一定程度后，在农地流转水平较高时，TC 又有提升；EC 随着农地流转增加在较大的波动中提升；SC 随着农地流转的提高保持着较快上升的态势；ME 则随着农地流转水平的提升，在波动中慢慢下降。当然，这只是时间序列数据描绘的初步结果，更精确的结论则需要在更丰富数据的支撑下采用更科学的计量方法确认。

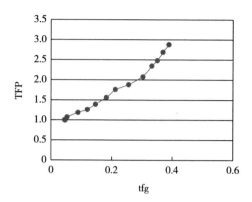

图 6-2 农业 TFP 与农地流转拟合图

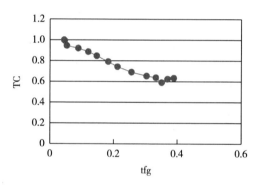

图 6-3 农业技术进步率与农地流转拟合图

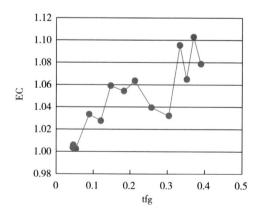

图 6-4 农业技术效率与农地流转拟合图

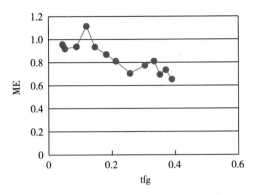

图 6-5　农业配置效率与农地流转拟合图

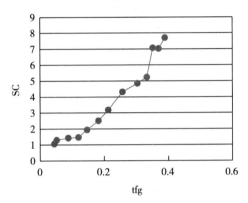

图 6-6　农业规模效率与农地流转拟合图

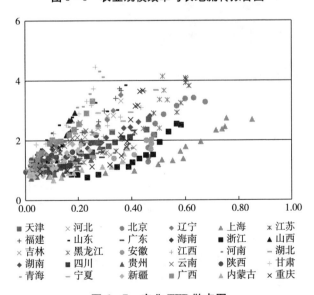

图 6-7　农业 TFP 散点图

农地流转对农业全要素生产率的影响研究

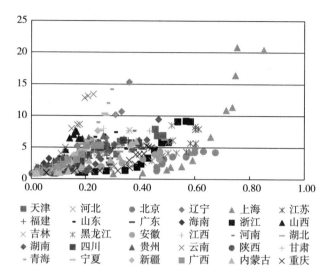

图6-8 农业技术进步率散点图

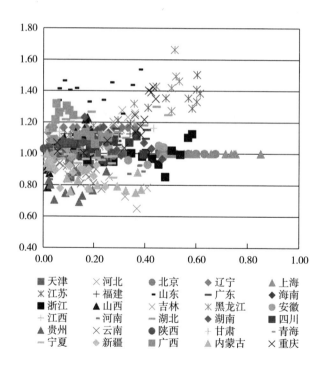

图6-9 农业技术效率散点图

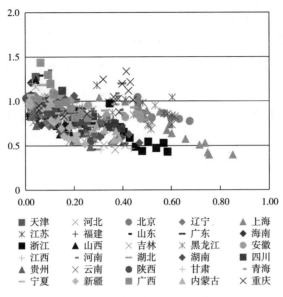

图 6-10　农业配置效率散点图

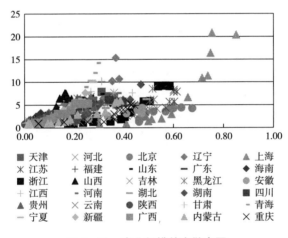

图 6-11　农业规模效率散点图

6.4　数据检验、模型修正与实证方法

6.4.1　数据平稳性检验

对数据进行平稳性检测以防止农地流转与农业 TFP 中时间序列的数据可能出

现的伪回归问题。通过检验数据序列单位根以判定数据是否平稳,若存在单位根,可判定为非平稳序列。不同数据平稳性检验方法对数据长短要求不同。比如:Maddala – Wu 检验与 IPS 检验允许 T 固定而 n – ∞ 更适用于短面板。本部分的数据横截面 n(30)>T(14)是短面板,故采用 Maddala – Wu 检验与 IPS 检验方法进行检验。检验结果显示:Maddala – Wu 方法下检验结果显示所有数据皆平稳,IPS 检验则显示第 12 个变量 perGDP 不平稳,结果如表 6 – 2 所示。根据研究需要,将对第 12 个变量 perGDP 进行差分处理。

表 6 – 2　面板数据各序列平稳性检验结果

变量	变量名	Maddala – Wu 检验		平稳性	IPS 检验		平稳性
		chisq 值	P 值		Wtbar 值	P 值	
tfg	农地流转率	548.57	0.000	平稳	– 7.2690	0.000	平稳
EC	农业技术效率	601.48	0.000	平稳	– 6.5229	0.000	平稳
TFP	农业全要素生产率	1043.80	0.000	平稳	– 15.9610	0.000	平稳
ME	农业配置效率	1453.30	0.000	平稳	– 13.4320	0.000	平稳
SC	农业规模效率	796.73	0.000	平稳	– 3.3164	0.000	平稳
TC	农业技术进步率	298.27	0.000	平稳	– 1.9997	0.000	平稳
fzzs	复种指数	892.12	0.000	平稳	– 8.0770	0.000	平稳
czzn	财政支农水平	807.50	0.000	平稳	– 6.4472	0.000	平稳
ljjx	劳均农机总动力	439.25	0.000	平稳	– 22.6170	0.000	平稳
open	农业对外开放程度	2113.90	0.000	平稳	– 23.6210	0.000	平稳
nyjg	农业结构	406.44	0.000	平稳	– 5.4115	0.000	平稳
perGDP	人均 GDP	389.20	0.000	平稳	– 0.46877	0.3196	非平稳
sjysp	农业人力资本	1340.50	0.000	平稳	– 55.4820	0.000	平稳
szbl	受灾比例	1783.40	0.000	平稳	– 22.3330	0.000	平稳
yxgg	有效灌溉率	875.96	0.000	平稳	– 8.0235	0.000	平稳

表 6 – 2 中,tfg、EC、TFP、ME、SC、TC、fzzs、czzn、ljjx、open、nyjg、perGDP、sjysp、szbl、yxgg 分别表示农地流转率、农业技术效率、农业全要素生产率、农业配置效率、农业规模效率、农业技术进步率、复种指数、财政支农水平、劳均农机总动力、农业对外开放程度、农业结构、人均 GDP、农业人力资本、受灾比例和有效灌溉率。

6.4.2　模型的修正

针对表 6 - 2 中第 12 个变量 perGDP 出现的数据不平稳问题，对该变量进行差分处理，一阶差分后（D. perGDP 是 perGDP 的一阶差分），所有变量均平稳。接下来进行协整检验，检验结果显示各序列间并不存在协整关系。参照一些研究者的做法，以不平稳数据序列的一阶差分（D. perGDP）为新变量，建立下列多元回归面板模型：

$$HMB_{it} = \partial + \beta_0 tfg_{it} + \beta_1 ljjx_{it} + \beta_2 fzzs_{it} + \beta_3 yxgg_{it} + \beta_4 czzn_{it} + \beta_5 sjysp_{it} + \beta_6 szbl_{it} +$$
$$\beta_7 open_{it} + \beta_8 nyjg_{it} + \beta_9 D. perGDP_{it} + \mu_i + \varepsilon_{it} \qquad (6-5)$$

$$HMB_{it} = \partial + \beta_0 tfg_{it} + \beta_1 tfg_{it}^2 + \beta_2 ljjx_{it} + \beta_3 fzzs_{it} + \beta_4 yxgg_{it} + \beta_5 czzn_{it} + \beta_6 sjysp_{it} +$$
$$\beta_7 szbl_{it} + \beta_8 ncpjckzs_{it} + \beta_9 nyjg_{it} + \beta_{10} D. perGDP_{it} + \mu_i + \varepsilon_{it} \qquad (6-6)$$

式（6 - 5）为不加平方项的基准回归模型，式（6 - 6）为添加平方项后的回归模型。差分前数据样本期为 2005 ~ 2018 年，对 perGDP 一阶差分后，D. perGDP 时间跨度为 2006 ~ 2018 年，考虑到面板平衡的问题，模型中所有变量样本期变更为 2006 ~ 2018 年，共 13 年，每个变量共 390 个观测值。模型中用 D. perGDP 衡量其对农业 TFP 的边际 HMB 影响。为了更好地体现数据的相关特征，对 perGDP 差分后的变量进行描述统计并将其他变量值放置同一表中以对比数据的整体特征，如表 6 - 3 所示。

表 6 - 3　差分后的数据描述性统计

变量	N	Mean	St. Dev.	Min	Pctl（25）	Pctl（75）	Max
tfg	420	0. 218	0. 171	0. 002	0. 078	0. 325	0. 851
LEC	420	1. 047	0. 151	0. 649	0. 968	1. 127	1. 663
LHMB	420	1. 755	0. 798	0. 668	1. 123	2. 197	4. 451
LME	420	0. 848	0. 184	0. 396	0. 724	0. 973	1. 436
LSC	420	3. 583	2. 936	0. 838	1. 332	5. 162	20. 835
LTC	420	0. 783	0. 159	0. 426	0. 656	0. 918	1. 098
fzzs	420	1. 935	0. 585	0. 372	1. 395	2. 461	3. 135
czzn	420	0. 102	0. 035	0. 012	0. 080	0. 126	0. 190
ljjx	420	4. 617	2. 298	0. 994	2. 630	6. 112	13. 892

续表

变量	N	Mean	St. Dev.	Min	Pctl（25）	Pctl（75）	Max
open	420	14. 366	2. 148	6. 428	13. 165	15. 946	17. 870
nyjg	420	0. 522	0. 086	0. 275	0. 466	0. 578	0. 746
D. perGDP	390	0. 128	0. 064	− 0. 252	0. 082	0. 174	0. 368
sjysp	420	6. 707	0. 066	6. 484	6. 680	6. 748	6. 866
szbl	420	0. 211	0. 148	0. 000	0. 104	0. 282	0. 936
yxgg	420	0. 775	0. 367	0. 287	0. 475	0. 929	2. 365

6.4.3　实证方法

首先检验模型是否存在个体效应（μ_i 为随机变量），若存在个体效应，接下来则需要用 Hausman 检验来决定选择固定效应（Fixed Effect）还是随机效应（Random Effect）。个体效应检验的原假设为"H_0：all $\mu_i = 0$"。对模型进行异方差检验，检验结果表明模型存在异方差（略）。接来下用"最小二乘虚拟变量模型"（LSDV）方法检验模型是否存在个体效应（陈强，2014）。从表 6 - 4 LSDV个体效应检验结果来看，结果拒绝"所有个体虚拟变量都有 0"的原假设，说明存在显著的个体效应。

表 6 - 4　LSDV 个体效应检验结果

省份	系数值	SE	t	P > t	省份	系数值	SE	t	P > t
云南	0. 035	0. 016	2. 250	0. 032	河北	0. 031	0. 011	2. 730	0. 011
内蒙古	0. 011	0. 012	0. 900	0. 376	河南	0. 008	0. 013	0. 650	0. 523
北京	0. 025	0. 027	0. 920	0. 365	浙江	0. 031	0. 013	2. 420	0. 022
吉林	0. 006	0. 012	0. 500	0. 624	海南	0. 036	0. 019	1. 910	0. 066
四川	0. 032	0. 013	2. 510	0. 018	湖北	0. 015	0. 011	1. 370	0. 180
天津	0. 026	0. 018	1. 430	0. 163	湖南	0. 015	0. 013	1. 180	0. 249
宁夏	0. 027	0. 015	1. 880	0. 070	甘肃	0. 037	0. 014	2. 690	0. 012
安徽	0. 012	0. 009	1. 350	0. 189	福建	0. 013	0. 015	0. 920	0. 363
山东	− 0. 025	0. 011	− 2. 360	0. 025	贵州	0. 030	0. 013	2. 400	0. 023
山西	0. 057	0. 016	3. 560	0. 001	辽宁	0. 025	0. 013	2. 030	0. 052
广东	0. 041	0. 017	2. 400	0. 023	重庆	0. 039	0. 016	2. 490	0. 019

续表

省份	系数值	SE	t	P>t	省份	系数值	SE	t	P>t
广西	0.038	0.015	2.500	0.018	陕西	0.018	0.015	1.130	0.267
新疆	0.008	0.014	0.530	0.598	青海	0.034	0.018	1.840	0.076
江苏	-0.020	0.008	-2.510	0.018	黑龙江	-0.024	0.011	-2.150	0.040
江西	0.029	0.016	1.810	0.081	以上均以上海为基期				

根据 LSDV 检验结果（见表 6 - 4），进一步地，用 Hausman 检验进行固定效应（Fixed Effect）和随机效应（Random Effect）的取舍。表 6 - 5 中 Chisq1 ~ Chisq5 是未加平方项的 Hausman 检验结果，Chisq6 ~ Chisq10 是加入平方项后的 Hausman 检验结果，结果显示，P 值均小于 0.1，通过了显著性检验，即拒绝了随机效应（Random Effect）模型的原假设，后文将采用固定效应（Fixed Effect）模型展开回归。

表 6 - 5　霍斯曼检验

变量	chisq	P	regression	变量	chisq	P	regression
Chisq1	23.636	0.009	HMB Fixed	Chisq6	45.284	0.00000	HMB Fixed^2
Chisq2	445.556	0.000	TC Fixed	Chisq7	331.854	0.00000	TC Fixed^2
Chisq3	20.308	0.026	EC Fixed	Chisq8	8.4210	0.06750	EC Fixed^2
Chisq4	136.271	0.000	SC Fixed	Chisq9	250.230	0.00000	SC Fixed^2
Chisq5	46.030	0.000	ME Fixed	Chisq10	43.562	0.00001	ME Fixed^2

6.5　农地流转对农业全要素生产率影响的实证结果

6.5.1　基本估计结果

6.5.1.1　不加平方项模型

样本期内我国农业 TFP 的增加是否一定程度由我国农地流转水平不断提升所致？研究结论报告在表 6 - 6 中的模型（1）中。农地流转率 tfg 系数估计值为 2.775，影响为正，通过了 1% 的显著性检验。农地流转率每提高 1 个百分点，农业 TFP 将提升 2.775%，实证结果表明，就中国整体数据而言，近年来农地流转的广泛推进，刺激了我国农业 TFP 的提升，农地流转推动农业 TFP 的理论作用机理确实存在。

表6-6 农地流转对农业全要素生产率影响实证结果

变量	模型（1）	模型（2）	模型（3）GMM	模型（4）GMM
lag	—	—	0.861***	0.796***
			（0.069）	（0.057）
tfg	2.775***	1.990***	0.353***	1.426***
	（0.253）	（0.514）	（0.102）	（0.406）
tfg²	—	-2.026***	—	-1.415**
		（0.516）		（0.711）
lijx	0.029	0.013	0.016	0.014
	（0.019）	（0.019）	（0.020）	（0.015）
fzzs	-0.179	-0.065	0.039	-0.067
	（0.120）	（0.121）	（0.079）	（0.078）
yxgg	-0.024	-0.211	-0.065	0.046
	（0.264）	（0.264）	（0.169）	（0.130）
czzn	0.280	0.973	-0.182	-0.187
	（1.168）	（1.162）	（0.791）	（0.765）
sjysp	6.988***	7.671***	0.684	1.210
	（1.488）	（1.473）	（1.057）	（1.084）
szbl	-0.207	-0.309*	-0.135	-0.094
	（0.158）	（0.157）	（0.088）	（0.078）
open	0.068***	0.088***	0.048***	0.029**
	（0.022）	（0.022）	（0.011）	（0.014）
nyjg	-0.293	-0.166	0.371	0.042
	（0.525）	（0.517）	（0.417）	（0.426）
perGDP	-0.739**	-0.790**	-0.239	-0.316
	（0.354）	（0.348）	（0.230）	（0.221）
R^2	0.799	0.807	—	—
Ajusted R^2	0.777	0.785	—	—
chi2	—	—	138.537	353.194
sargan	—	—	0.738	0.678

注：***、**和*分别表示在1%、5%和10%的水平上显著；括号内数值为标准误。

6.5.1.2 加平方项模型

根据理论框架可知，农地流转与农业 TFP 可能存在非线性的关系，为了检验这一结论，研究在基础模型中加入农地流转变量的二次项再次回归，检验结果如表 6–6 中的模型（2）所示。tfg 二次项系数为负且在 1% 水平下显著，一次项系数为正且在 1% 水平下显著，从而验证了农地流转与农业 TFP 之间的倒 U 型关系。当农地流转率处在一个较低的水平时，随着农地流转率提高，农业 TFP 增长速度较快。当农地流转率提高到一定程度后，农业 TFP 虽然仍会增加，但增加的速度减缓，直至增速为 0，之后农业 TFP 便开始下降。也就是说，当农地流转变量值达到一个相对较高的水平时（大于抛物线拐点值），农地流转对农业 TFP 影响的负向作用将超过正向作用，随着农地流转不断深入，所能获得的农业 TFP 边际回报则开始逐步下降。农业 TFP 的增速何时下降为零？也就是说，拐点何时会出现？根据计量模型，拐点将在农地流转变量值满足式"$\beta_0 + 2\beta_1 \text{tfg} = 0$"时出现。按照表 6–6 中的模型（2）的估计结果，可以测算农地流转率和农业 TFP 之间倒 U 型关系的拐点值为 0.4918。当农地流转率达 0.4918 时，农业 TFP 才可能下降。根据样本中农地流转变量的均值（$\mu = 0.218$）可以得出，中国农地流转率尚处于农业 TFP 改善区间中，且距离拐点临界值有一定距离（0.218 < 0.4918）。经统计，样本期有 391 个农地流转率变量值位于倒 U 型曲线左侧促进区，29 个农地流转率变量值位于曲线右侧递减区。总体上来说，我国农地流转率还处在较低水平，通过提高农地流转率可以带来更高的农业 TFP 增长回报。

6.5.1.3 控制变量的影响

①不加平方项模型。农业人力资本（sjysp）对农业 TFP 的影响为正且在 1% 的显著性水平上显著（系数估计值为 6.988）；农业对外开放程度（open）对农业 TFP 的估计系数值为正（0.068）且在 1% 的显著性水平上显著，农业对外开放带来了农业技术的正外部性，刺激了农业 TFP 增长；对生产端产生了重要的影响；然而，人均 GDP（perGDP）对农业 TFP 的影响为负数（-0.739）且通过了 5% 的显著性检验，此结论与现有多数研究结论相悖，即便如此，本书认为当前的经济发展没能有效刺激农业 TFP 提高的可能原因在于，中华人民共和国成立以来我国重视工业的发展导致了资本、土地、劳动力农业投入要素被二三产业侵占，制约了我国农业 TFP 的提升。其他控制变量均不显著。②加平方项模型。各控制变量对 TFP 的影响，除了估计值发生了变化之外，影响的方向和显著性均未

发生改变。结论表明在加入二次项后控制变量对农业 TFP 的影响较小。鉴于控制变量并不是本书分析的重点，此处不做详细说明。

6.5.2　GMM 估计结果

6.5.2.1　模型设定

值得注意的是，计量模型通常可能存在的内生性问题，已经成为经济研究中学者们越来越关注的一个方面。自相关、变量遗漏、双向因果、变量测量误差等引起的模型内生性问题都可能导致估计参数有偏且不一致。首先，本书在搜集整理数据中已尽量避免变量数据误差引起的内生性问题；其次，根据前文研究基础，模型中尽可能全面地加入相关的控制变量以缓解因变量遗漏而导致的内生性问题，然而现实的情况是有些变量数据不可得、有些影响因素尚待证实，这仍然可能导致控制变量的遗漏；最后，解释变量和被解释变量有可能存在双向因果关系，农业 TFP 高的地区，往往经济发展水平也比较高，极有可能是农地流转率高的原因。采用 Davidson – MacKinnon 检验模型的内生性，结果拒绝了"变量应该是外生"的原假设，表明模型确实存在内生性。使用传统 OLS 或固定效应模型展开估计的结果会有偏且不一致。因此，需要处理和克服内生性问题后再加以验证与阐述。

本书将使用系统广义矩估计（GMM）再次估计，该方法需要满足的条件是方程的残差项存在一阶自相关而不存在二阶自相关，可以通过 sargan 检验是否存在过度识别问题。由于农地流转率是一个特殊的解释变量，在理论和经验中很难找到一个替代变量对原有模型进行再次回归，因此本书将参考现有文献的通常做法，选取不能直接影响被解释变量 TFP 的农地流转率的滞后一期作为工具变量。通过上述方法，克服模型的内生性问题，对模型进行重新设定。

$$\text{HMB}_{it} = \partial + \beta_0 \text{HMB}_{i,t-1} + \beta_1 \text{tfg}_{i,t-1} + \beta_2 \text{ljjx}_{it} + \beta_3 \text{fzzs}_{it} + \beta_4 \text{yxgg}_{it} + \beta_5 \text{czzn}_{it} +$$
$$\beta_6 \text{sjysp}_{it} + \beta_7 \text{szbl}_{it} + \beta_8 \text{ncpjckzs}_{it} + \beta_9 \text{nyjg}_{it} + \beta_{10} \text{D. perGDP}_{it} + \varepsilon_{it}$$

$$(6-7)$$

$$\text{HMB}_{it} = \partial + \beta_0 \text{HMB}_{i,t-1} \beta_0 + \beta_1 \text{tfg}_{i,t-1} + \beta_1 \text{tfg}_{i,t-1}^2 + \beta_2 \text{ljjx}_{it} + \beta_3 \text{fzzs}_{it} + \beta_4 \text{yxgg}_{it} +$$
$$\beta_5 \text{czzn}_{it} + \beta_6 \text{sjysp}_{it} + \beta_7 \text{szbl}_{it} + \beta_8 \text{ncpjckzs}_{it} + \beta_9 \text{nyjg}_{it} + \beta_{10} \text{D. perGDP}_{it} + \varepsilon_{it}$$

$$(6-8)$$

6.5.2.2　回归结果

①不加平方项模型。回归结果如表 6-6 中的模型（3）所示。因变量的滞后一期均显著，系数均为正，且都通过了 1% 的显著性检验，本书关注核心解释变量 tfg 的系数估计值发生了一些变化，但显著性和方向均未发生变化。研究结论与前文基本一致，在一定程度上证明了模型的合理性。②加平方项模型。回归结果如表 6-6 中的模型（4）所示。因变量的滞后一期系数估计值均为正且显著。表 6-6 中的模型（4）变量估计系数估计值有所变动，但显著性和影响方向均未发生变化。具体表现为，tfg 二次项和一次项均显著，且系数估计值没有发生方向性改变。GMM 回归显示，农地流转对农业 TFP 的影响仍然是显著、非线性倒 U 型关系，并没有因为模型设定的调整而发生方向性改变。因此研究认为，农地流转对农业 TFP 的倒 U 型非线性影响这一关系是稳定存在的，并不因为计量方法、变量等因素而受到影响。

6.6　农地流转对分解指数影响的检验结果

6.6.1　农地流转对农业技术进步率的影响

6.6.1.1　不加平方项模型

结果报告在表 6-7 中的模型（1）中。农地流转率（tfg）对农业技术进步率（TC）有显著的负向影响。tfg 每提高 1 个百分点，农业 TC 下降 0.531%。过去十多年来，农地流转刺激了农业技术革新，政府在农业科技创新方面也取得了一些成绩，但确实也存在科技投资被垄断、技术推广扩散不足的情况，农业资源分配不合理，资本过度深化和有效利用不足等问题一直存在，农地流转对农业技术进步提升没有起到积极的作用。在控制变量中，劳均农机总动力（ljjx）对农业 TC 的影响为负且在 1% 的显著性水平下显著，随着劳动力成本的提高，农业生产越来越多地趋向用资本替代劳动力，这可能导致有些地区农地流转过程中出现过度资本化现象，抑制了农业 TC 的提高；复种指数（fzzs）对农业 TC 的影响为负且在 5% 的显著性水平下显著；受灾比例（szbl）对农业 TC 的影响为负且在 1% 的显著性水平下显著。农业对外开放程度（open）和农业结构（nyjg）对农业 TC 的影响均为负且显著，农业结构提高降低了农业技术水平；有效灌溉率（yxgg）、财政支农水平（czzn）、农业人力资本（sjysp）和人均 GDP（perGDP）对农业 TC 的影响均不显著。

表 6-7　农地流转对农业技术进步率影响实证结果

变量	模型（1）	模型（2）	模型（1）GMM	模型（2）GMM
lag	—	—	0.956*** (0.067)	0.912*** (0.070)
tfg	-0.531*** (0.049)	-0.455*** (0.102)	-0.098* (0.056)	-0.124* (0.076)
tfg²	—	0.939*** (0.142)	—	0.747*** (0.158)
ljjx	-0.015*** (0.004)	-0.015*** (0.004)	0.002 (0.003)	-0.001 (0.022)
fzzs	-0.049** (0.023)	-0.047* (0.024)	-0.038 (0.023)	-0.038* (0.020)
yxgg	-0.003 (0.051)	-0.006 (0.052)	0.056 (0.052)	0.047 (0.051)
czzn	-0.043 (0.227)	-0.033 (0.230)	-0.530** (0.209)	-0.415** (0.192)
sjysp	-0.312 (0.289)	-0.302 (0.291)	1.552*** (0.289)	1.226*** (0.310)
szbl	-0.089*** (0.031)	-0.088*** (0.031)	-0.010 (0.015)	-0.013 (0.015)
open	-0.035*** (0.004)	-0.035*** (0.004)	-0.012*** (0.004)	-0.012*** (0.004)
nyjg	-0.371*** (0.102)	-0.369*** (0.102)	-0.130** (0.065)	-0.140** (0.071)
perGDP	0.0002 (0.069)	-0.001 (0.069)	-0.108* (0.063)	-0.129** (0.059)
R^2	0.827	0.839	—	—
Ajusted R^2	0.807	0.793	—	—
chi2	—	—	177.131	158.304
sargan	—	—	0.576	0.698

注：***、**和*分别表示在1%、5%和10%的水平上显著；括号内数值为标准误。

6.6.1.2 加平方项模型

根据理论框架可知,农地流转与农业 TC 可能存在非线性的关系,为了检验这一结论,研究在基础模型中加入农地流转变量的二次项再次进行回归。具体结果如表 6-7 模型(2)所示。检验结果显示,tfg 的二次项系数为正,一次项系数为负,均在 1% 水平下显著,表明农地流转对农业 TC 存在显著的 U 型非线性影响。经计算,拐点值 tfg 为 0.2422,大于均值($\mu = 0.218$)。农地流转率较低时(tfg < 0.2422),其对农业技术进步率具有负向影响;当农地流转率达到一个相对较高的水平时(tfg > 0.2422),随着农地流转的深入所能获得的 TC 边际回报则开始增加。经统计,样本期 260 个农地流转率变量值处在曲线左侧递减区间,160 个农地流转率变量值位于曲线右侧递增区间,农地流转对农业 TC 的影响存在低端锁定的风险。控制变量劳均农机总动力(ljjx)、受灾比例(szbl)和农业对外开放程度(open)、劳均农机总动力(ljjx)对 TC 的影响估计值、标准差和显著性均未发生改变。

6.6.1.3 GMM 估计结果

①不加平方项。回归结果如表 6-7 中的模型(3)所示。因变量的滞后一期均显著,系数均为正,且都通过了 1% 的显著性检验。核心解释变量 tfg 估计系数估计值有所变动,但显著性和方向均未发生变化。农地流转率 tfg 对 TC 的负向影响变弱,农地流转率每提高 1 个百分点,技术进步率会降低 0.098 个百分点。②加入平方项。回归结果如表 6-7 中的模型(4)所示。因变量的滞后一期系数估计值均为正且显著。tfg 的二次项和一次项均显著,且系数估计值没有发生方向性改变,农地流转对农业 TC 的影响依然是显著非线性的。因此,GMM 回归估计结果得出,农地流转对农业技术进步率的影响的这一非线性倒 U 型关系是稳定存在的,并不因为计量方法、控制变量、数据生成假设以及内生性等因素而受到影响。

6.6.2 农地流转对农业配置效率的影响

6.6.2.1 不加平方项模型

结果报告在表 6-8 中的模型(1)中。tfg 系数估计值为负(-0.511),且通过了 1% 的显著性检验,农地流转率每提高 1 个百分点,农业配置效率 ME 降低 0.511%。农地流转对配置效率产生了显著的负向影响,可能的解释是:首先,农地流转到生产能力较弱的滞留农户手中，会导致配置效率降低；其次，农地流转引起的要素拥挤效应，不利于配置效率提高；最后，地方政府不同干预角色出现的"政府失灵"。由于地方政府流转补贴更倾向于流转大户，在政府干预下农户经营规模过大，经营能力与规模不匹配导致了效率损失，对农户生产配置效率产生了负面影响。控制变量复种指数（fzzs）对配置效率的影响为负，并通过了1%的显著性检验；财政支农水平（czzn）对配置效率产生了正向显著影响；农业对外开放程度（open）对配置效率的影响为负且显著；其他控制变量对配置效率影响均不显著。

表6-8　农地流转对农业配置效率影响实证结果

变量	模型（1）	模型（2）	模型（1）GMM	模型（2）GMM
lag	—	—	0.173**	0.182***
			(0.074)	(0.064)
tfg	-0.511***	-0.442**	-0.692***	-1.055***
	(0.092)	(0.191)	(0.222)	(0.281)
tfg^2		-0.109	—	0.621*
		(0.267)		(0.364)
ljjx	-0.007	-0.007	-0.013*	-0.012**
	(0.007)	(0.007)	(0.007)	(0.006)
fzzs	-0.137***	-0.142***	0.009	0.022
	(0.044)	(0.045)	(0.048)	(0.044)
yxgg	-0.031	-0.023	-0.072	-0.162
	(0.097)	(0.098)	(0.124)	(0.129)
czzn	1.520***	1.492***	2.490***	2.335***
	(0.427)	(0.433)	(0.710)	(0.669)
sjysp	-0.739	-0.767	-0.254	-0.464
	(0.544)	(0.549)	(0.943)	(0.928)
szbl	-0.067	-0.072	-0.013	-0.032
	(0.058)	(0.059)	(0.048)	(0.049)
open	-0.027***	-0.027***	0.023**	-0.013
	(0.008)	(0.008)	(0.010)	(0.011)
nyjg	-0.274	-0.279	-0.414***	-0.429***
	(0.192)	(0.193)	(0.141)	(0.145)

续表

变量	模型（1）	模型（2）	模型（1）GMM	模型（2）GMM
perGDP	0.091	0.093	−0.239**	−0.213**
	(0.129)	(0.130)	(0.109)	(0.100)
R²	0.749	0.756	—	—
Ajusted R²	0.688	0.686	—	—
chi2	—	—	158.043	185.130
sargan	—	—	0.698	0.661

注：＊＊＊、＊＊和＊分别表示在1%、5%和10%的水平上显著；括号内数值为标准误。

6.6.2.2　加平方项模型

在基础模型中加入农地流转变量的二次项再次回归，回归结果如表6-8中的模型（2）所示。从回归系数值来看，农地流转对配置效率的影响是倒U型非线性关系。从显著性来看，农地流转对配置效率的影响回归的结果一次项与二次项都不显著。各控制变量对ME的影响除了估计值发生了变化之外，影响的方向和显著性均未发生改变。

6.6.2.3　GMM估计结果

①不加入平方项模型。回归结果如表6-8中的模型（3）所示。因变量的滞后一期均显著，ME的因变量滞后一期则通过了5%显著性检验，系数估计值为正。核心解释变量tfg估计系数估计值有所变动，tfg估计值变小，负向影响增强，农地流转每提高1个百分点，混合配置率会降低0.692个百分点。研究结论与基本模型估计值基本一致，在一定程度上证明了模型的稳健性。②加入平方项模型。回归结果如表6-8中的模型（4）所示。因变量的滞后一期系数估计值均为正且显著。核心解释变量tfg估计系数估计值有所变动，影响方向未发生变化，但显著性发生了改变。tfg的二次项由表6-8中的模型（2）的不显著变为显著。GMM模型回归显示，农地流转对配置效率的影响没有发生方向性改变。

6.6.3　农地流转对农业规模效率的影响

6.6.3.1　不加平方项模型

结果报告在表6-9中的模型（1）中。农地流转系数估计值为正且通过了1%的显著性检验：农地流转率每提高1个百分点，农业SC将提升7.426%，农地流转促进了土地规模化经营，较大幅度地提升了规模效率，成为贡献农业 TFP 的核心动力。尽管我国农地流转的小农复制局面没有改变，我们还是不得不承认，新型农业经营主体的出现，对农业规模效率提升起到较大推动作用，他们不再以生存为经营目标，而是以利润为目的，积极性大大提高。农地流转通过释放农业生产要素带来规模经济效益。农地流转促进了规模经济效率的提升。在控制变量中，劳均农机总动力（ljjx）对 SC 的影响效果为正（0.458）且通过了 1% 的显著性检验；财政支农水平（czzn）对 SC 产生了显著影响且影响为负；特别值得一提的是农业人力资本（sjysp）对规模效率的影响为正且显著，系数估计值表明农业人力资本较大程度提高了规模效率；农业对外开放程度（open）对 SC 产生了较大的显著的正向影响，农业对外开放在一定程度上刺激了农业生产的规模化；人均 GDP（perGDP）对 SC 的影响估计系数值为负且通过了 5% 的显著性检验。其他控制变量对规模效率影响均不显著。

表 6 - 9　农地流转对农业规模效率影响实证结果

变量	模型（1）	模型（2）	模型（1）GMM	模型（2）GMM
lag	—	—	0.758 ***	0.900 ***
			(0.082)	(0.049)
tfg	7.426 ***	8.937 ***	3.613 **	3.545 ***
	(1.219)	(2.372)	(1.621)	(0.739)
tfg^2	—	- 10.302 ***	—	- 2.881 **
		(3.305)		(0.647)
ljjx	0.458 ***	0.328 ***	0.211	0.191
	(0.091)	(0.088)	(0.183)	(0.120)
fzzs	0.716	1.682 ***	0.135	0.796 *
	(0.577)	(0.561)	(0.495)	(0.407)
yxgg	1.062	- 0.532	- 0.459	- 0.485
	(1.274)	(1.219)	(0.761)	(0.929)
czzn	- 11.631 **	- 5.732	0.020	0.539
	(5.632)	(5.362)	(2.274)	(2.593)
sjysp	33.664 ***	39.480 ***	11.406 **	2.978
	(7.177)	(6.799)	(4.991)	(5.260)
szbl	- 0.309	- 1.178	- 0.212	- 0.297
	(0.760)	(0.725)	(0.264)	(0.256)

续表

变量	模型 (1)	模型 (2)	模型 (1) GMM	模型 (2) GMM
open	0.310 ***	0.476 ***	0.027	0.067 **
	(0.105)	(0.102)	(0.045)	(0.033)
nyjg	0.071	1.152	0.447	0.443
	(2.532)	(2.385)	(0.674)	(0.821)
perGDP	− 5.583 ***	− 6.020 ***	− 0.167	0.349
	(1.706)	(1.604)	(1.115)	(1.110)
R^2	0.701	0.737	—	—
Ajusted R^2	0.668	0.707	—	—
chi2	—	—	367.077	498.102
sargan	—	—	0.795	0.653

注：＊＊＊、＊＊和＊分别表示在1%、5%和10%的水平上显著；括号内数值为标准误。

6.6.3.2　加平方项模型

根据理论框架可知，农地流转对农业规模效率的影响可能存在非线性的关系，研究在基础模型中加入农地流转变量的二次项再次回归，检验结果如表 6－9 中的模型 (2) 所示。tfg 二次项系数为负，一次项系数为正，且都在 1% 水平下显著，结果显示：农地流转对农业 SC 的影响是倒 U 型非线性的。经计算，倒 U 型关系的拐点值 tfg 为 0.4338。根据农地流转变量的均值 (0.218) 可以得出，中国农业农地流转率尚处于农业 TFP 改善区间中，且距离拐点临界值有一定距离 (0.218 < 0.4338)。经统计，样本期 367 个农地流转率变量值位于倒 U 型曲线左侧递增区间，53 个农地流转率变量值位于曲线递减区。总的来说，当农地流转率 tfg > 0.4338 时，农地流转对农业规模效率影响的负向作用将超过正向作用，随着农地流转不断深入，所能获得的农业规模效率边际回报则开始逐步下降。我国农地流转率还处在较低水平，农地流转规模增长潜力尚未得到充分释放。通过提高农地流转率可能带来更高的农业规模效率增长回报。加入平方项以后，控制变量复种指数 fzzs 和财政支农水平（czzn）显著性水平发生了变化。

6.6.3.3　GMM 估计结果

①不加平方项模型。回归结果如表 6－9 中的模型 (3) 所示。因变量的滞后一期均显著，SC 模型的因变量滞后一期系数均为正且通过了 1% 的显著性检验，

核心解释变量 tfg 估计系数估计值有所变动，但显著性和影响方向均未发生变化。tfg 估计值变小，农地流转率每提高 1 个百分点，会带来 3.613% 的农业规模效率提高。研究结论与前文基本一致，在一定程度上证明了模型的稳健性。②加入平方项模型。回归结果如表 6-9 中的模型（4）所示。因变量的滞后一期系数估计值均为正且显著。核心解释变量 tfg 估计系数估计值有所变动，但显著性和影响方向均未发生变化。tfg 二次项和一次项均显著，且系数估计值没有发生方向性改变。总之，GMM 回归显示，农地流转对农业规模效率的影响并没有因为模型的修正而发生方向性改变，在引入因变量和 tfg 滞后期后，农地流转对规模效率的影响依然是显著非线性的，在一定程度上证明了模型的稳健性。

6.6.4 农地流转对农业技术效率的影响

6.6.4.1 不加平方项模型

结果报告在表 6-10 中的模型（1）中。农地流转系数估计值为正且通过了 1% 的显著性检验。农地流转率每提高 1 个百分点，农业 EC 将提升 0.185%。农地流转在一定程度上导致我国农业 EC 的不断提高，但是这种正向影响微乎其微。一方面说明农地流转通过改善农业生产条件实现生产率提升，推动生产要素实现更有效的协调；另一方面也说明了我国农地在流转中存在资源配置不合理、农业生产资源的浪费现象。农户流转土地也不一定遵循技术效率优先原则，可能呈现出无效率的一面。

表 6-10 农地流转对农业技术效率影响实证结果

变量	模型（1）	模型（2）	模型（1）GMM	模型（2）GMM
lag	—	—	-0.214*	0.165*
			(0.114)	(0.087)
tfg	0.185***	0.058	0.128*	-0.089
	(0.064)	(0.132)	(0.068)	(0.197)
tfg^2	—	0.203	—	0.080
		(0.183)		(0.232)
ljjx	0.006	0.005	0.002	0.008
	(0.005)	(0.005)	(0.006)	(0.010)
fzzs	-0.076**	-0.067**	-0.024	0.027
	(0.030)	(0.031)	(0.017)	(0.022)

续表

变量	模型（1）	模型（2）	模型（1）GMM	模型（2）GMM
yxgg	0.032	0.018	0.007	−0.047
	(0.066)	(0.068)	(0.044)	(0.056)
czzn	0.009	0.062	0.225	0.043
	(0.294)	(0.298)	(0.394)	(0.334)
sjysp	−0.938**	−0.886**	0.070	0.172
	(0.375)	(0.377)	(0.447)	(0.363)
szbl	−0.021	−0.029	−0.043	−0.064**
	(0.040)	(0.040)	(0.026)	(0.030)
open	0.010*	0.011*	0.004	0.012*
	(0.005)	(0.006)	(0.004)	(0.007)
nyjg	0.062	0.072	0.021	−0.098
	(0.132)	(0.132)	(0.069)	(0.091)
perGDP	−0.002	−0.006	−0.029	−0.053
	(0.089)	(0.089)	(0.049)	(0.047)
R^2	0.648	0.651	—	—
Ajusted R^2	0.553	0.554	—	—
chi2	—	—	293.493	233.746
sargan	—	—	0.575	0.582

注：***、**和*分别表示在1%、5%和10%的水平上显著；括号内数值为标准误。

6.6.4.2　加平方项模型

根据理论框架可知，农地流转与农业技术效率可能存在非线性的关系，研究在基础模型中加入农地流转变量的二次项再次进行回归，从表6-10中的模型（2）估计结果来看，农地流转对 EC 的影响一次项与二次项都不显著。各控制变量除了估计值发生变化之外，影响的方向和显著性均未发生改变。

6.6.4.3　GMM 估计结果

①不加平方项模型。回归结果如表6-10中的模型（3）所示。因变量的滞后一期均显著，EC 的因变量滞后一期系数估计值为负且通过10%的显著性检验，核心解释变量 tfg 的系数估计值发生了一些变化，但显著性和方向均未发生变化。农地流转的正向影响变弱，农地流转率每提高1个百分点，会带来0.128%的技

术效率提升，研究结论与前文基本一致，在一定程度上证明了模型的稳健性。②加入平方项模型。回归结果如表 6 - 10 中的模型（4）所示。因变量的滞后一期系数估计值均为正且显著。因变量滞后一期通过了 10% 显著性检验，核心解释变量 tfg 的系数估计值发生了一些变化，但显著性和方向均未发生变化。tfg 的二次项由表 6 - 10 中的模型（2）不显著变为显著。通过 GMM 估计结果得出，农地流转对农业 TFP 的影响的这一非线性倒 U 型关系是稳定存在的。

6.7　本章小结

本章在前文理论分析的基础上，构建计量模型，实证检验了农地流转对农业 TFP 的影响，研究结论如下：

第一，农地流转对农业 TFP 有显著正向影响。二次项模型显示两者之间也存在显著倒 U 型关系，农地流转对农业 TFP 存在边际递减的影响。随着农地流转率提高，农业 TFP 快速增加，当流转率提升到一定水平后，农业 TFP 增速减慢，直至到达拐点（0.491）增速为零。420 个农地流转率样本值中仅有 29 个跨越了这一拐点，处在倒 U 型曲线的递减区域。

第二，研究同时检验了农地流转对农业 TFP 分解指数的影响。农地流转对规模效率（SC）和技术效率（EC）有显著的正向影响，对技术进步率（TC）和配置效率（ME）有显著的负向影响。二次项模型显示，农地流转对规模效率的影响是开口向下的显著倒 U 型关系，规模增长潜力尚未充分释放；农地流转对技术进步率的影响是开口向上的显著 U 型关系，我国农地流转对技术进步率的影响存在"低端锁定"的风险。GMM 检验结果显示上述关系稳定存在。

第三，控制变量如劳均农机总动力、财政支农水平、农业人力资本、复种指数、农业对外开放程度和人均 GDP 均对农业 TFP 有重要影响。值得注意的是，经济发展、自然灾害与农业 TFP 负相关，表明当前的经济发展模式制约了农业 TFP 的提高，当前，工业反哺农业、三大产业协调发展的格局未能形成，经济发展的背后依然意味着农业付出了代价。受灾比例对农业 TFP 有显著的负向作用，因此要切实加强农村基础设施建设，这对提高农业 TFP 具有重要的意义。

第7章 农地流转对农业全要素生产率影响的区域差异分析

从上一章的研究结果来看，农地流转对农业全要素生产率的影响既存在正相关，也存在显著倒 U 型非线性关系，这种关系是否受到区域差异的影响？本章梳理了有关农地流转经济效应地区差异的研究文献，基于研究理论背景，将中国划分为东部地区、中部地区和西部地区分类实证检验农地流转对农业全要素生产率的影响，以分析这种影响的地区差异及其原因。

7.1 区域差异效应的理论背景

崔新蕾（2012）研究得出，我国农地城市流转效率存在地区差异，具体表现为中部地区和西部地区收敛趋势较显著而东部地区检验结果不显著。总体来看，我国农地流转效率存在显著性的绝对收敛，这表明我国农地城市流转地区差异在不断缩小。陈章喜（2014）基于数据研究表明，我国农地流转效率稳定性存在显著地区差异，具体表现在中部地区、西部地区土地承包经营权流转效率较整体样本来说更高。通过比较发现，我国中西部地区虽然经济发展相对落后但是流转效率却较东部稳定。夏玉莲等（2016）认为，要从流转效率显著水平、流转协调性和平衡性三个层面来衡量农地流转经济效应，研究表明，我国东部地区得益于较高的经济发展水平，流转效率大小显示出明显的优势，然而东部地区农地流转的资源协调性较弱，西部地区表现则更为无效，农地流转对农业经济的影响存在地区不平衡性。匡远配等（2018）认为，受到地区间政策制度、经济收入水平、气候差异、自然条件、技术水平和资源禀赋的影响，我国农地流转技术效率存在显著的区域差异且差异有逐步拉大的趋势，基于宏观数据研究得出，我国地域广阔，受到各类宏观因素的影响，农地流转效率地区差异在我国表现非常明显，东部效率远超其他地区和全国平均水平。李涛（2018）基于微观数据实证研究了土地城乡流转前和流转后的效率差异，研究得出，农地流转的要素配置效率在流转前后变化较小，技术效率区域差异较大，造成这一现象的原因在于城乡收入差距、农业用地与城市用地的投资回报率差异和用地的劳动力成本，缩小农地流转的技术效率差距的关键在于调整城乡收入差距、降低劳动力成本和激发投入要素的活力。匡远配等（2019）认为，西部地区农业自然禀赋不占优势，虽然近年来西部地区流转广度保持着较高的增长水平，但是流转规模化经营受到自然条件的限制，农业 TFP 改进依然困难重重。研究得出，农地流转对农业 TFP 的影响存在显著倒 U 型关系，且受到区域差异的影响。韩久莹（2019）提出要从生态平衡视角考虑农业经济发展的可持续问题，指出各地区流转农地过程中要注重农地的生态保护。

综上所述，国内学者在研究农地流转效率问题时普遍认为地区间资源禀赋、自然经济条件等的差异对农地流转的效率有重要影响。基于上述理论研究背景，研究将中国划分为东部地区、中部地区和西部地区三大地区进一步分类实证检验农地流转对农业全要素生产率的影响，以对比这种影响效应的地区差异。厘清这一问题，将有助于结合各地区农业发展实际，因地制宜地实施和推广农地流转相关政策，优化农地流转政策的区域布局。

7.2　模型构建

根据前文农业全要素生产率 HMB 指数测算与分解，我们可以将农业全要素生产率分解为农业技术进步率（TC）、农业技术效率（EC）、规模效率（SC）和配置效率（ME）四个指数，本章将同时检验农地流转对农业全要素生产率分解指数的影响，结合前面的理论基础，建立以下模型：

$$\text{HMB}_{it} = \partial + \beta_0 \text{tfg}_{it} + \sum_j \varphi_j x_{it} + \mu_i + \varepsilon_{it} \tag{7-1}$$

结合前文农地流转对农业 TFP 的影响机理，认为农地流转对农业 TFP 可能有正向影响，也可能有负向影响，当然，这种负向影响多在农地流转率较高的情况下出现。因此，模型将加入 tfg_{it} 的平方项进行检验，模型设计如下：

$$HMB_{it} = \partial + \beta_0 tfg_{it} + \beta_1 tfg_{it}^2 + \sum\nolimits_j \varphi_j x_{it} + \mu_i + \varepsilon_{it} \qquad (7-2)$$

其中，当 it = 1，2，3 时，HMB_{it} 分别表示第 t 年 i 地区的农业 TFP、TC、EC、SC 和 ME 五个指数，农地流转率 ftg_{it} 为核心解释变量。x_{it} 代表控制变量，∂ 为常数项，β_0 和 φ_j 等为各自变量的待估计参数，μ_i 表示不可观测的省份个体效应，ε_{it} 表示随机干扰标准差。

7.3 变量说明与区域划分

7.3.1 变量说明

本章研究三大地区的农地流转对农业全要素生产率的影响，农业全要素生产率的 HMB 分解指数是研究的被解释变量，核心解释变量为农地流转率（tfg）；控制变量有劳均农机总动力（ljjx）、复种指数（fzzs）、有效灌溉率（yxgg）、财政支农水平（czzn）、农业人力资本（sjysp）、受灾比例（szbl）、农业对外开放程度（open）、农业结构（nyjg）和人均 GDP（perGDP）。

考虑数据面板平衡问题和计算 HMB 中会抵消前两年和最后一年的数据，本章将测算 HMB 的投入产出数据增加 3 年，利用 2003～2019 年农业投入产出数据，借助 R3.4.3 软件测算得出 2005～2018 年的 HMB 环比指数。由于 HMB 指数为动态增长率，在模型估计时，研究将 HMB 环比指数转化为累积指数用于下文的实证。农地流转率是本书的关键解释变量，研究从《中国农村经营管理统计年报》中得到 2005～2018 年的农地流转相关数据，研究所需其他数据均根据样本期《中国农村经营管理统计年报》、《中国农业统计年鉴》、《中国统计年鉴》、省统计年鉴以及中经网统计数据库等中的相关数据整理并计算得出。考虑通货膨胀的影响，涉及货币型指标均用 GDP 指数按 2003 年不变价进行了平减处理。回归变量样本区间为 2005～2018 年，其中西藏数据不全，未纳入数据分析与计量模型中。各变量的统计性说明可参见第 5 章中的表 5-3。

7.3.2 区域划分

进一步观测农业全要素生产率的地区差异，根据我国行政区域划分标准，将我国划分为东部地区、中部地区和西部地区，其中，东部地区包括 11 个省份，分别为河北、北京、天津、广东、江苏、辽宁、山东、上海、浙江、福建、海南；中部地区包括 8 个省份，分别为安徽、河南、黑龙江、吉林、湖北、湖南、江西、山西；西部地区包括 12 个省份，分别为内蒙古、广西、贵州、云南、四川、重庆、西藏（数据不全，不纳入分析）、宁夏、青海、甘肃、陕西、新疆。

7.4 平稳性检验与实证方法

检验农地流转与农业全要素生产率中包含有时间序列的数据，通常需要进行数据平稳性检验以防止可能出现的伪回归问题，以尽可能地提高各模型的估计效率。

7.4.1 数据平稳性检验及模型修正

单位根检验后，IPS 检验表明第 12 个变量 perGDP 不平稳，各数据序列的面板单位根检验结果见表 6-3，根据研究需要，将对第 12 个变量 perGDP 进行差分处理。

从表 7-1 可以看出，东部地区除了财政支农水平（czzn）和人均 GDP（perGDP）外，其他数据的水平值均平稳；中部地区和西部地区除了 perGDP 外，其他数据的水平值均平稳；在对 czzn 和 perGDP 一阶差分后，所有变量均平稳。继续进行协整检验，结果表明各序列间并不存在协整关系。基于此，参照董志强等（2012）的做法，再对不平稳数据序列一阶差分后回归。原始数据集时间跨度为 2005~2018 年，对不平稳数据一阶差分后，变动的时间跨度为 2006~2018 年，考虑到面板平衡的问题，回归中所有变量的时间跨度为 2006~2018 年，样本期为 13 年，每个变量共 390 个观测值。一阶差分后变量实际衡量的是变量的边际影响。

表 7 - 1　面板数据各序列 IPS 检验平稳性检验结果

变量	变量名	东部 IPS 检验		平稳性	中部 IPS 检验		平稳性	西部 IPS 检验		平稳性
		Wtbar 值	P 值		Wtbar 值	P 值		Wtbar 值	P 值	
tfg	农地流转率	- 4.6931	0.000	平稳	- 3.7256	0.000	平稳	- 4.1573	0.000	平稳
EC	农业技术效率	- 5.1644	0.000	平稳	- 3.5436	0.0001973	平稳	- 2.6282	0.004292	平稳
TFP	农业全要素生产率	- 11.994	0.000	平稳	1.0205	0.08463	平稳	- 14.7600	0.000	平稳
ME	农业配置效率	- 5.3124	0.000	平稳	- 6.9443	0.000	平稳	- 10.8960	0.000	平稳
SC	农业规模效率	- 0.47418	0.000	平稳	- 5.7529	0.000	平稳	- 0.23435	0.04074	平稳
TC	农业技术进步率	- 0.18259	0.0427	平稳	- 2.6289	0.004282	平稳	- 0.69379	0.02439	平稳
fzzs	复种指数	- 8.6478	0.000	平稳	- 2.6798	0.003683	平稳	- 2.4060	0.008065	平稳
czzn	财政支农水平	- 0.2790	0.0489	非平稳	- 2.6266	0.004313	平稳	- 8.7797	0.000	平稳
ljjx	劳均农机总动力	- 30.6600	0.000	平稳	- 2.8742	0.002025	平稳	- 3.6417	0.0001354	平稳
open	农业对外开放程度	- 27.1160	0.000	平稳	- 9.2928	0.000	平稳	- 5.7058	0.000	平稳
nyjg	农业结构	- 4.2958	0.000	平稳	- 4.4222	0.000	平稳	- 0.44567	0.03279	平稳
perGDP	人均 GDP	- 1.0387	0.149	非平稳	- 1.0205	0.1537	非平稳	1.3465	0.9109	非平稳
sjysp	农业人力资本	- 36.4510	0.000	平稳	- 2.6123	0.004497	平稳	- 52.3890	0.000	平稳
szbl	受灾比例	- 13.9040	0.000	平稳	- 3.8560	0.000	平稳	- 19.2160	0.000	平稳
yxgg	有效灌溉率	- 1.9192	0.02748	平稳	- 8.2989	0.000	平稳	- 4.2962	0.000	平稳

7.4.2　实证方法

先进行 LSDV 个体效应检验，再用 Hausman 检验对模型进行固定效应（Fixed Effect）和随机效应（Random Effect）取舍。表 7 - 2 结果均拒绝了随机效应模型的原假设，后续研究使用固定效应模型展开回归。

表 7 - 2　霍斯曼检验

	chisq	p	regression		chisq	p	regression
东部地区 Hausman Test Result							
Chisq1	34.594	0.000	HMB Fixed	Chisq6	101.684	0.000	HMB Fixed^2
Chisq2	814.244	0.000	TC Fixed	Chisq7	467.015	0.000	TC Fixed^2
Chisq3	2, 155.639	0.000	EC Fixed	Chisq8	542.684	0.000	EC Fixed^2

续表

	chisq	p	regression		chisq	p	regression
东部地区 Hausman Test Result							
Chisq4	56.983	0.000	SC Fixed	Chisq9	162.802	0.000	SC Fixed^2
Chisq5	73.420	0.000	ME Fixed	Chisq10	62.876	0.000	ME Fixed^2
中部地区 Hausman Test Result							
Chisq1	65.278	0.000	HMB Fixed	Chisq6	2.736	0.094	HMB Fixed^2
Chisq2	44.358	0.000	TC Fixed	Chisq7	47.233	0.000	TC Fixed^2
Chisq3	641.420	0.000	EC Fixed	Chisq8	25.529	0.008	EC Fixed^2
Chisq4	22.126	0.014	SC Fixed	Chisq9	14.914	0.086	SC Fixed^2
Chisq5	134.723	0.000	ME Fixed	Chisq10	76.317	0.000	ME Fixed^2
西部地区 Hausman Test Result							
Chisq1	14.145	0.066	HMB Fixed	Chisq6	15.031	0.081	HMB Fixed^2
Chisq2	49.124	0.000	TC Fixed	Chisq7	64.344	0.000	TC Fixed^2
Chisq3	12.680	0.042	EC Fixed	Chisq8	6.641	0.027	EC Fixed^2
Chisq4	173.300	0.000	SC Fixed	Chisq9	177.314	0.000	SC Fixed^2
Chisq5	13.083	0.019	ME Fixed	Chisq10	9.855	0.044	ME Fixed^2

7.5　实证结果

7.5.1　农地流转对农业全要素生产率影响的区域差异

7.5.1.1　未加入二次项模型

影响效应东部地区（3.2648）＞西部地区（0.7630）＞中部地区（-0.2194）。东部地区农地流转对农业 TFP 的影响最大，农地流转率每提高 1 个百分点，农业 TFP 提高 3.2648 个百分点，其次是西部地区。中部地区影响为负，随着农业流转率提升，农业 TFP 不但没有改进，反而有所下降。三个地区检验结果均显著（见表 7 - 3）。

表 7 - 3　农地流转对农业全要素生产率影响的区域差异回归结果

变量	TFP 东部地区		TFP 中部地区		TFP 西部地区	
	(1) 不加平方	(2) 加平方	(1) 不加平方	(2) 加平方	(1) 不加平方	(2) 加平方
tfg	3.2648 ***	1.8123 ***	- 0.2194 ***	2.6149 *	0.7630 ***	0.5928
	(0.3135)	(0.4819)	(0.0310)	(1.0279)	(0.2061)	(1.3692)
tfg^2	—	- 2.6271 ***	—	- 6.1556 **	—	0.4362
		(0.5389)		(2.0093)		(2.6900)
ljjx	0.0599 *	0.0530 *	0.0540	0.0130	- 0.0074	- 0.0067
	(0.0234)	(0.0252)	(0.0354)	(0.0363)	(0.0470)	(0.0474)
fzzs	0.1348	0.1579	- 0.2659	0.3081	- 0.2658	- 0.2574
	(0.1603)	(0.1636)	(0.3237)	(0.3613)	(0.1981)	(0.2055)
yxgg	- 0.2226	- 0.2871	2.5698 ***	1.3357	- 0.3053	- 0.3042
	(0.3429)	(0.3541)	(0.6294)	(0.7233)	(0.4752)	(0.4772)
czzn	4.9803 *	5.3705 **	1.7885	2.4060	- 2.9781	- 2.9635
	(1.9677)	(2.0392)	(1.8808)	(1.8066)	(1.7924)	(1.8019)
sjysp	10.2838 ***	10.4531 ***	10.4260 **	6.6936	11.0190 ***	10.9672 ***
	(2.1495)	(2.1653)	(3.3913)	(3.4588)	(2.8886)	(2.9177)
szbl	- 0.1547	- 0.1740	- 0.7763 **	- 0.7916 **	- 0.1738	- 0.1842
	(0.2102)	(0.2122)	(0.2793)	(0.2667)	(0.2894)	(0.2976)
open	- 0.0315	- 0.0292	0.1464 ***	0.2159 ***	0.1635 ***	0.1649 ***
	(0.0384)	(0.0386)	(0.0419)	(0.0459)	(0.0338)	(0.0351)
nyjg	- 3.4739 **	- 3.3912 **	1.5753 *	1.1005	0.3580	0.3433
	(1.0576)	(1.0653)	(0.6815)	(0.6688)	(1.0084)	(1.0165)
perGDP	- 1.4867 **	- 1.5861 **	- 0.7413	- 0.5569	- 0.2490	- 0.2351
	(0.5147)	(0.5325)	(0.6110)	(0.6246)	(0.5591)	(0.5679)
F	89.5879	81.1998	49.2511	49.9924	53.5262	48.2742
R^2	0.8801	0.8807	0.8513	0.8661	0.8144	0.8137

注：***、** 和 * 分别表示在1%、5%和10%的水平上显著；括号内数值为标准误。

7.5.1.2　加入二次项模型

在加入二次项后，东部地区和中部地区 tfg 二次项系数估计值都为负数，一次项系数为正，通过了显著性检验，呈现出倒 U 型非线性关系，这与总体检验结果一致。经计算，东部地区的拐点值为 0.345，有 308 个农地流转率变量值位于拐点的左侧递增区间，112 个农地流转率变量值位于拐点值右侧递减区间；中部地区拐点值为 0.2124，中部地区有 242 个农地流转率变量值位于拐点的左侧递增区间，178 个变量值位于拐点值右侧递减区间。西部地区检验二次项和一次项系数均为正，但检验结果不显著（见表 7－3）。

农业全要素生产率的地区差异不仅体现在核心解释变量 tfg 的影响上，控制变量的影响也存在较大差异，这可能与生产条件、区域自然禀赋和地区政策有关。结果显示，劳均农机总动力对东部地区农业 TFP 提升产生了正向影响。东部地区在农业资本深化过程中，资金使用效率较高，有效刺激了农业 TFP 提升；农业人力资本水平对农业 TFP 均产生了显著正向影响；特别值得一提的是，三个地区经济发展水平对农业 TFP 的影响均为负数，且对东部地区和中部地区的负向影响大于西部地区，这与整体检验的结果如出一辙，经济越发达，对于农业挤出效应越大。理论上讲，政府财政支农对 HMB 指数有正向影响，但在实证检验中并非所有回归都显示财政支农对农业 HMB 指数产生了显著正向影响，比如西部地区财政支农对规模效率的影响就为负且通过了显著性检验；理论上讲农业对外开放在一定程度上刺激了农业生产的规模化。农业国际化水平越高，越对生产端产生正向影响，但是报告显示，并非所有回归都显示对外开放程度对农业 HMB 指数产生了显著的正向影响，缘由也值得进一步推敲；复种指数和有效灌溉率对各地区的效率影响也显示了较大的地区差异；农业结构对农业 TFP 的影响中只有东部地区检验显著且系数估计值为负数，农业比重的增加对 TFP 产生了负向影响，说明我国通过调整产业结构来提高农业 TFP 还有很多值得改进的地方。

7.5.2 农地流转对分解效率影响的区域差异

7.5.2.1 对农业规模效率的影响

（1）未加入二次项模型。

农地流转对农业 SC 的影响存在较大地区差别，影响效应东部地区（9.8997）＞中部地区（5.1345）＞西部地区（3.6791）。但只有东部通过了 1% 的显著性水平检验，东部地区农地流转率每提高 1 个百分点，SC 提高 9.8997 个百分点，农地流转大大促进了农业 SC 的提高。东部地区属于经济发达、科技基础条件较好的区域，农地流转对 SC 起到较大的促进作用（见表 7－4）。

表7-4 农地流转对农业规模效率影响的区域差异回归结果

变量	SC 东部地区		SC 中部地区		SC 西部地区	
	(1) 不加平方	(2) 加平方	(1) 不加平方	(2) 加平方	(1) 不加平方	(2) 加平方
tfg	9.8997***	11.0222***	5.1345	1.7822	3.6791	10.0222
	(1.7913)	(2.3596)	(2.6254)	(4.0403)	(3.4627)	(5.3596)
tfg^2	—	-12.2618***	—	8.6142	—	-16.2618
		(2.5293)		(7.8978)		(10.5296)
ljjx	1.1098***	0.8987***	0.0313	-0.0261	-0.4115*	-0.4357*
	(0.1339)	(0.1348)	(0.1329)	(0.1428)	(0.1858)	(0.1854)
fzzs	0.7060	1.4105	1.0982	1.9014	1.6327*	1.3190
	(0.9161)	(0.8735)	(1.2157)	(1.4202)	(0.7828)	(0.8044)
yxgg	3.8097	1.8462	-1.9483	-3.6753	-1.3104	-1.3514
	(1.9588)	(1.8910)	(2.3639)	(2.8431)	(1.8782)	(1.8678)
czzn	-0.2819	11.5979	-1.6019	-0.7378	-14.2574*	-14.8048*
	(11.2419)	(10.8882)	(7.0643)	(7.1009)	(7.0843)	(7.0533)
sjysp	48.0025***	53.1571***	26.6546*	21.4314	49.4774***	51.4080***
	(12.2808)	(11.5617)	(12.7381)	(13.5954)	(11.4167)	(11.4210)
szbl	-0.5937	-0.0050	-2.0343	-2.0558	-1.8024	-1.4128
	(1.2012)	(1.1331)	(1.0491)	(1.0481)	(1.1439)	(1.1651)
open	-0.3928	-0.3222	0.4653**	0.5624**	0.5817***	0.5272***
	(0.2195)	(0.2061)	(0.1572)	(0.1805)	(0.1334)	(0.1373)
nyjg	0.5956	3.1131	1.3641	0.6996	0.8966	1.4464
	(6.0427)	(5.6884)	(2.5599)	(2.6287)	(3.9854)	(3.9790)
perGDP	-8.6574**	-11.6842***	-3.5035	-2.5457	-3.4813	-3.9997
	(2.9408)	(2.8435)	(2.2951)	(2.4550)	(2.2099)	(2.2230)
F	46.7895	50.1747	36.6521	33.5017	50.7495	46.8765
R^2	0.7932	0.8202	0.8100	0.8126	0.8062	0.8099

注：***、**和*分别表示在1%、5%和10%的水平上显著；括号内数值为标准误。

（2）加入二次项模型。

只有东部地区农地流转的二次项和一次项系数通过了显著性检验，二次项为负，呈现出倒U型非线性关系。经计算，拐点值是0.4495，东部地区有371个农地流转率变量值位于拐点的左侧，规模效率递增。49个值位于拐点值右侧，出现了递减的趋势（见表 7 - 4）。

7.5.2.2 对农业技术进步率的影响

（1）未加入二次项模型。

农地流转对 TC 的影响地区存在差异（见表 7 - 5）。影响效应中部地区（-0.4847）>东部地区（-0.5315）>西部地区（-0.6929）且都通过了 1% 的显著性水平检验，呈现出反向变动关系。随着农地流转率的增加，农业 TC 不但没有提升，反而有所下降，其中西部地区技术进步率下降最为明显，其次为东部地区和中部地区。

表 7 - 5 农地流转对农业技术进步率影响的区域差异回归结果

变量	TC 东部地区		TC 中部地区		TC 西部地区	
	（1）不加平方	（2）加平方	（1）不加平方	（2）加平方	（1）不加平方	（2）加平方
tfg	- 0.5315 ***	- 0.5473 ***	- 0.4847 ***	- 0.7382 ***	- 0.6929 ***	- 1.0615 ***
	(0.0676)	(0.1474)	(0.1384)	(0.2115)	(0.1573)	(0.2420)
tfg²		0.0219		0.6515		0.9449 *
		(0.1813)		(0.4134)		(0.4754)
ljjx	- 0.0191 ***	- 0.0193 ***	- 0.0132	- 0.0175 *	- 0.0242 **	- 0.0228 **
	(0.0051)	(0.0055)	(0.0070)	(0.0075)	(0.0084)	(0.0084)
fzzs	- 0.1862 ***	- 0.1854 ***	- 0.0124	0.0484	0.0240	0.0422
	(0.0346)	(0.0354)	(0.0641)	(0.0743)	(0.0356)	(0.0363)
yxgg	- 0.0390	- 0.0412	- 0.0745	- 0.2052	0.1017	0.1041
	(0.0739)	(0.0765)	(0.1247)	(0.1488)	(0.0853)	(0.0843)
czzn	- 0.4430	- 0.4293	0.2521	0.3175	- 0.0179	0.0140
	(0.4243)	(0.4407)	(0.3725)	(0.3717)	(0.3219)	(0.3184)
sjysp	- 1.6994 ***	- 1.6935 ***	0.9186	0.5236	0.2269	0.1147
	(0.4635)	(0.4680)	(0.6717)	(0.7116)	(0.5187)	(0.5156)
szbl	- 0.0497	- 0.0490	- 0.1174 *	- 0.1158 *	- 0.0911	- 0.0684
	(0.0453)	(0.0459)	(0.0553)	(0.0549)	(0.0520)	(0.0526)
open	- 0.0275 **	- 0.0275 **	- 0.0453 ***	- 0.0380 ***	- 0.0375 ***	- 0.0344 ***
	(0.0083)	(0.0083)	(0.0083)	(0.0095)	(0.0061)	(0.0062)
nyjg	- 0.4569 *	- 0.4540	- 0.2818 *	- 0.3321 *	- 0.1219	- 0.1538
	(0.2281)	(0.2302)	(0.1350)	(0.1376)	(0.1811)	(0.1796)

续表

变量	TC 东部地区		TC 中部地区		TC 西部地区	
	(1) 不加平方	(2) 加平方	(1) 不加平方	(2) 加平方	(1) 不加平方	(2) 加平方
perGDP	0.1507	0.1472	-0.1761	-0.1037	-0.1529	-0.1228
	(0.1110)	(0.1151)	(0.1210)	(0.1285)	(0.1004)	(0.1004)
F	76.2061	68.7201	55.2470	51.3169	83.9887	78.5595
R^2	0.8620	0.8790	0.8653	0.8691	0.8732	0.8772

注：＊＊＊、＊＊和＊分别表示在 1%、5% 和 10% 的水平上显著；括号内数值为标准误。

(2) 加入二次项模型。

从数据上看，二次项系数估计值都为正，呈现出 U 型线性关系，但只有西部地区的二次项系数通过了 10% 显著性水平检验，东部地区和中部地区二次项均未通过显著性检验。经计算，西部地区 U 型曲线拐点值为 0.562，399 个农地流转率变量值位于拐点的左侧，农业技术进步率递减，有 21 个农地流转率变量值位于拐点值右侧，出现了农业技术进步率递增的趋势（见表 7 - 5）。

7.5.2.3　对农业配置效率的影响

(1) 未加入二次项模型。

影响效应中部地区（-0.2509）>东部地区（-0.4851）>西部地区（-0.5503），呈现出反向变动关系，但只有东部地区通过了 1% 的显著性水平检验。东部地区随着农地流转率的提高，农业配置效率不但没有提升，反而有所下降（见表 7 - 6）。

表 7 - 6　农地流转对农业配置效率影响的区域差异回归结果

变量	ME 东部地区		ME 中部地区		ME 西部地区	
	(1) 不加平方	(2) 加平方	(1) 不加平方	(2) 加平方	(1) 不加平方	(2) 加平方
tfg	-0.4851＊＊＊	-0.4682	-0.2509	-0.1080	-0.5503	-1.9657＊＊＊
	(0.1209)	(0.2635)	(0.3063)	(0.4743)	(0.3470)	(0.5158)
tfg^2	—	-0.0234	—	-0.3672	—	3.6286＊＊＊
		(0.3242)		(0.9271)		(1.0133)
ljjx	-0.0241＊＊	-0.0239＊	-0.0128	-0.0103	-0.0013	0.0041
	(0.0090)	(0.0098)	(0.0155)	(0.0168)	(0.0186)	(0.0178)

续表

变量	ME 东部地区		ME 中部地区		ME 西部地区	
	(1) 不加平方	(2) 加平方	(1) 不加平方	(2) 加平方	(1) 不加平方	(2) 加平方
fzzs	−0.1454*	−0.1462*	−0.1345	−0.1688	−0.1647*	−0.0947
	(0.0618)	(0.0632)	(0.1419)	(0.1667)	(0.0785)	(0.0774)
yxgg	−0.0099	−0.0075	0.0744	0.1481	0.0005	0.0097
	(0.1322)	(0.1369)	(0.2758)	(0.3337)	(0.1882)	(0.1797)
czzn	2.1732**	2.1586**	2.8882***	2.8514***	0.4373	0.5594
	(0.7587)	(0.7880)	(0.8243)	(0.8336)	(0.7100)	(0.6788)
sjysp	−2.4711**	−2.4774**	0.4768	0.6995	−0.2434	−0.6742
	(0.8288)	(0.8368)	(1.4863)	(1.5960)	(1.1442)	(1.0991)
szbl	−0.0139	−0.0147	−0.2489*	−0.2498*	−0.0092	−0.0778
	(0.0811)	(0.0820)	(0.1224)	(0.1230)	(0.1146)	(0.1121)
open	−0.0340*	−0.0341*	−0.0612**	−0.0653**	−0.0184	−0.0062
	(0.0148)	(0.0149)	(0.0183)	(0.0212)	(0.0134)	(0.0132)
nyjg	−0.1825	−0.1856	−0.2627	−0.2343	−0.4644	−0.5870
	(0.4078)	(0.4117)	(0.2987)	(0.3086)	(0.3994)	(0.3829)
perGDP	−0.0210	−0.0173	−0.1515	−0.1923	0.2364	0.3521
	(0.1985)	(0.2058)	(0.2678)	(0.2882)	(0.2215)	(0.2139)
F	18.3911	16.5833	7.2818	6.5692	8.8756	10.0164
R^2	0.6012	0.6012	0.5585	0.4595	0.4211	0.4766

注：***、**和*分别表示在1%、5%和10%的水平上显著；括号内数值为标准误。

（2）加入二次项模型。

东部地区和中部地区二次项系数为负数，但二次项和一次项均未通过显著性检验。只有西部地区二次项系数为正，一次项系数为负，均通过了1%的显著性水平检验（见表7-6）。从数据上看，西部地区农地流转对配置效率的影响呈现出先降后升的U型线性关系，拐点值为0.271，有283个农地流转率变量值位于拐点的左侧递减区，137个农地流转率变量值位于拐点值右侧递增区。

7.5.2.4 对农业技术效率的影响

（1）未加入二次项模型。

影响效应东部地区（0.2034）＞西部地区（−0.1192）＞中部地区

（ - 0. 3947），但只有东部地区通过了显著性水平检验。东部地区农地流转率每提高 1 个百分点，技术效率提高 0. 2 个百分点。中部地区和西部地区系数估计值都为负，呈现出反向变动关系，但没有通过显著性水平检验（见表 7 - 7）。

表 7 - 7　农地流转对农业技术效率影响的区域差异回归结果

变量	EC 东部地区		EC 中部地区		EC 西部地区	
	（1）不加平方	（2）加平方	（1）不加平方	（2）加平方	（1）不加平方	（2）加平方
tfg	0. 2034 **	0. 4396 **	- 0. 3947	- 0. 6718	- 0. 1192	- 0. 8573 **
	(0. 0733)	(0. 1578)	(0. 2280)	(0. 3511)	(0. 2002)	(0. 3004)
tfg^2	—	- 0. 3274	—	0. 7120	—	1. 8924 **
		(0. 1942)		(0. 6863)		(0. 5902)
ljjx	0. 0048	0. 0084	0. 0128	0. 0081	0. 0112	0. 0140
	(0. 0055)	(0. 0058)	(0. 0115)	(0. 0124)	(0. 0107)	(0. 0104)
fzzs	0. 0707	0. 0586	- 0. 1863	- 0. 1199	- 0. 0976 *	- 0. 0611
	(0. 0375)	(0. 0379)	(0. 1056)	(0. 1234)	(0. 0453)	(0. 0451)
yxgg	- 0. 0803	- 0. 0467	0. 6903 **	0. 5475 *	- 0. 1310	- 0. 1263
	(0. 0801)	(0. 0820)	(0. 2053)	(0. 2471)	(0. 1086)	(0. 1047)
czzn	1. 2143 **	1. 0106 *	1. 0053	1. 0767	- 1. 2565 **	- 1. 1928 **
	(0. 4597)	(0. 4720)	(0. 6135)	(0. 6171)	(0. 4096)	(0. 3953)
sjysp	0. 0441	- 0. 0443	- 0. 6856	- 1. 1173	0. 3890	0. 1643
	(0. 5022)	(0. 5012)	(1. 1062)	(1. 1814)	(0. 6600)	(0. 6401)
szbl	- 0. 0596	- 0. 0495	- 0. 0436	- 0. 0454	- 0. 0092	- 0. 0362
	(0. 0491)	(0. 0491)	(0. 0911)	(0. 0911)	(0. 0661)	(0. 0653)
open	- 0. 0014	- 0. 0026	0. 0248	0. 0328 *	0. 0181 *	0. 0245 **
	(0. 0090)	(0. 0089)	(0. 0137)	(0. 0157)	(0. 0077)	(0. 0077)
nyjg	- 0. 4243	- 0. 4675	0. 4186	0. 3637	0. 1344	0. 0704
	(0. 2471)	(0. 2466)	(0. 2223)	(0. 2284)	(0. 2304)	(0. 2230)
perGDP	- 0. 0694	- 0. 0175	- 0. 1974	- 0. 1182	0. 1564	0. 2167
	(0. 1203)	(0. 1233)	(0. 1993)	(0. 2133)	(0. 1278)	(0. 1246)
F	6. 4215	6. 1844	4. 8390	4. 5008	5. 2103	6. 0316
R^2	0. 5448	0. 5599	0. 4601	0. 5681	0. 5993	0. 3541

注：*** 、** 和 * 分别表示在 1% 、5% 和 10% 的水平上显著；括号内数值为标准误。

（2）加入二次项模型。

只有西部地区二次项和一次项系数均通过了 5% 的显著性水平检验。从数据上看，西部地区农地流转对农业技术效率的影响呈现出先降后升的 U 型线性关系。经计算，西部地区 U 型曲线拐点值为 0. 2265，有 249 个农地流转率变量值位于曲线拐点的左侧递减区，171 个农地流转率变量值位于曲线拐点右侧递增区。

7.5.3　GMM 回归结果

GMM 回归结果如表 7 - 8 至表 7 - 10 所示。

7.5.3.1　农地流转对农业 TFP 的影响

（1）未加入二次项模型。

因变量的滞后一期显著，三个地区 GMM 回归除了 tfg 值和显著性水平发生了一定变化之外，影响的方向均未发生变化，且都在一定水平上显著。东部地区 tfg 估计值变小，tfg 的正向影响变弱，西部地区 tfg 由原来不显著变为 10% 水平上显著。

（2）加入二次项模型。

东部地区和中部地区 tfg 二次项和一次项均显著，且系数估计值没有发生方向性改变，西部地区 tfg 系数估计值由原来不显著变为 1% 水平上显著，影响的方向均未发生变化。

7.5.3.2　对分解效率影响的 GMM 回归

（1）未加入二次项模型。

因变量的滞后一期均显著。东部地区：ME 模型中 tfg 估计值变小，负向影响增强，TC 模型中 tfg 的负向影响变弱，EC 模型中 tfg 的正向影响变弱。TC、EC 和 SC 虽然均显著，但是显著性变弱。这与总体样本检验结果一致。中部地区：除了 tfg 系数估计值和显著性水平发生了一定变化之外，影响的方向均未发生变化，且都在一定水平上显著。TC 模型中，tfg 估计值变大，tfg 的负向影响变弱，显著性水平由原来的 1% 变为 10%。西部地区：除了 tfg 系数估计值和显著性水平发生了一定变化之外，影响的方向均未发生变化，且都在一定水平上显著。特别是 ME 模型中，tfg 系数估计值由原来不显著变为 10% 水平上显著。

（2）加入二次项模型。

因变量的滞后一期均显著。东部地区：SC 和 TC 模型中 tfg 二次项和一次项均显著，且系数估计值没有发生方向性改变，ME 模型中 tfg 的二次项和一次项由原来的不显著变为显著，EC 模型中 tfg 系数估计值影响方向没有发生改变，显著

表 7-8 东部地区 GMM 回归结果

变量	SC		ME		TC		EC		TFP	
	(1)	(2) 加平方	(3)	(4) 加平方	(5)	(6) 加平方	(7)	(8) 加平方	(9)	(10) 加平方
L. HMB	0.8396***	0.8077**	0.3067**	0.3064**	0.8912***	0.9104***	0.3516***	0.3516***	0.7541***	0.7727***
	(0.0794)	(0.0884)	(0.1066)	(0.1072)	(0.0868)	(0.0870)	(0.0986)	(0.0992)	(0.0636)	(0.0656)
tfg	1.7099***	0.1663	-0.5742***	-0.5640*	-0.2211***	-0.1452*	0.1785*	0.1565	0.7803*	1.2826*
	(0.3575)	(0.8460)	(0.1390)	(0.2769)	(0.0620)	(0.0749)	(0.0777)	(0.1410)	(0.3104)	(0.5208)
tfg^2	—	-3.3984***	—	-0.0229	—	0.2345*	—	0.0343	—	-0.8794*
		(0.9447)		(0.3528)		(0.1218)		(0.1934)		(0.4186)
chi2	148.7910	149.5561	236.1903	235.2053	164.8561	164.9265	107.3832	106.1232	211.5928	207.1064
sargan	0.6620	0.5504	0.5392	0.5667	0.6344	0.6199	0.7391	0.7156	0.5758	0.5687

注：***、**和*分别表示在1%、5%和10%的水平上显著；括号内数值为标准误。

表 7-9 中部地区 GMM 回归结果

变量	SC		ME		TC		EC		TFP	
	(1)	(2) 加平方	(3)	(4) 加平方	(5)	(6) 加平方	(7)	(8) 加平方	(9)	(10) 加平方
L. HMB	0.6306***	0.6307***	0.2145*	0.2266*	0.6876***	0.6541***	0.3875***	0.3943***	0.8081***	0.7707***
	(0.1199)	(0.1213)	(0.1069)	(0.1063)	(0.1042)	(0.1058)	(0.1115)	(0.1113)	(0.0776)	(0.0786)
tfg	3.7840	3.9727	-0.5079	-0.6222	-0.2536*	-0.5162*	-0.3802	-0.5261	-0.1933	1.2413***
	(2.4616)	(3.6459)	(0.2758)	(0.6222)	(0.1292)	(0.2039)	(0.2038)	(0.3143)	(0.4810)	(0.3204)

续表

变量	SC		ME		TC		EC		TFP	
	(1)	(2) 加平方	(3)	(4) 加平方	(5)	(6) 加平方	(7)	(8) 加平方	(9)	(10) 加平方
tfg^2	—	-0.5644	—	0.3044	—	0.5994	—	0.4279	—	-2.7540***
		(7.0256)		(0.8566)		(0.3820)		(0.6281)		(0.6499)
chi2	275.3963	169.0337	113.4575	111.0561	157.1920	185.3607	158.0177	138.2023	134.9453	139.5601
sargan	0.6720	0.7694	0.7917	0.7825	0.6128	0.7335	0.7273	0.6746	0.6859	0.6607

注：***、**和*分别表示在1%、5%和10%的水平上显著；括号内数值为标准误。

表7-10 西部地区GMM回归结果

变量	SC		ME		TC		EC		TFP	
	(1)	(2) 加平方	(3)	(4) 加平方	(5)	(6) 加平方	(7)	(8) 加平方	(9)	(10) 加平方
L.HMB	0.8770***	0.8920***	0.2887**	0.2365*	0.8448***	0.7603***	0.5230***	0.4134***	0.7539**	0.7544***
	(0.0639)	(0.0637)	(0.0990)	(0.1024)	(0.0828)	(0.0849)	(0.0963)	(0.1040)	(0.0626)	(0.0628)
tfg	3.2765	5.9198	-0.9231*	-1.8263***	-0.1492***	-0.5111**	-0.1022	-0.4892***	1.2514*	1.6134
	(2.2314)	(3.3850)	(0.3782)	(0.5480)	(0.0372)	(0.2188)	(0.1902)	(0.1310)	(0.6002)	(0.8635)
tfg^2	—	-9.0402	—	3.1961**	—	0.8012	—	1.3967*	—	-1.2171
		(7.5140)		(1.1538)		(0.4310)		(0.6744)		(1.8704)
chi2	104.0985	104.1094	102.6007	101.8880	77.4703	76.7397	94.0096	92.8440	117.1147	115.4732
sargan	0.5212	0.5627	0.5944	0.6886	0.7871	0.7083	0.7084	0.6206	0.6083	0.6195

注：***、**和*分别表示在1%、5%和10%的水平上显著；括号内数值为标准误。

性水平由 5% 增强到 1%。中部地区：因变量的滞后一期均显著，tfg 二次项和一次项均不显著。西部地区：TC 模型 tfg 二次项和一次项均显著，且系数估计值没有发生方向性改变，ME 模型在加入因变量滞后期后，tfg 的二次项和一次项由原来的 1% 水平上显著变为 5% 水平上显著。

总之，GMM 回归显示，研究关注的核心解释变量 tfg 的系数估计值发生了一些变化，但显著性和方向均未发生变化，农地流转对农业 TFP、TC 和 SC 的影响依然是显著非线性的，研究结论与前文基本一致，在一定程度上证明了模型的合理性。

7.5.4　农地流转效率区域差异的原因分析

根据研究结果，东部地区农地流转对农业 TFP 的正向影响最强，然后是西部地区和中部地区，造成农地流转效率地区差异的原因主要有以下几个方面。首先，流转规模差异。东部地区相对而言，土地整合成片具有先天优势，土地具有较高的利用率，对于实现规模经营相对有利。中部地区、西部地区多山地丘陵，有些地区地处干旱与荒漠地带，农地整合成片的难度大、成本高，农地流转的 SC 改进存在一定的困难。其次，地区气候条件差异。相对于中部地区和东部地区而言，西部地区土地具有先天脆弱性，因农业生产受制于气候、天气等因素，自然灾害因素增加了土地流转的风险。有研究指出，西部地区 80% 以上的土地处在环境脆弱地带，气候条件约束了农地流转效率的提升。再次，经济发展水平与农业发展进程的差异。一方面，东部地区经济发展领跑其他两地，经济较发达，农业现代化过程中能获得更多的资金支持，农地流转对农业 TFP 增长的正向影响较强。另一方面，在政府大力推进农地流转的背景下，农业产供销供应链逐步形成，流转效率不断提升。最后，要素差异。不论是土地、资本还是人力，东部地区条件都相对优越。现代农业是技术型农业，本书第 3 章论述了农地流转背景下新型农业经营主体作为中国技术农民能够带动农业经济内生增长，相对于东部地区和中部地区，我国西部地区不论是新型农业经营主体还是新型职业农民数量上都偏少，发展进程上偏慢。近年来，中部地区、西部地区农地流转后优质农业劳动力外出务工现象普遍，农村留守人员无法担负起建设现代农业的责任，流转后农业增产不明显，人力资本区域差异对农地流转效率具有重要影响。

7.6 本章小结

本章在前文理论分析的基础上，构建合适的计量模型，实证检验了农地流转对农业 TFP 影响的区域差异。根据检验的结果，得到以下两点结论：

第一，农地流转对农业 TFP 的影响具有显著的地区差异，影响效应东部地区（3.2648）>西部地区（0.7630）>中部地区（-0.2194）。东部地区农地流转对农业 TFP 的影响最大，然后是西部地区。中部地区影响为负，随着流转率的提升，农业 TFP 不但没有改进，反而有所下降，三个地区检验结果均显著。加入二次项模型中，东部地区和中部地区均通过显著性检验，呈现出倒 U 型非线性关系，与总体检验结果一致。

第二，本章也检验了农地流转对分解指数影响的区域差异，研究得出：①农地流转对农业规模效率 SC 的影响存在地区差异，影响效应东部地区（9.8997）>中部地区（5.1345）>西部地区（3.6791），东部地区农地流转大大促进了农业 SC 的提高，西部地区和中部地区未通过显著性检验。加入二次项后也只有东部地区呈现出显著的倒 U 型非线性关系。②农地流转对农业 TC 的影响存在显著地区差异，中部地区（-0.4847）>东部地区（-0.5315）>西部地区（-0.6929）。加入二次项后，只有西部地区的二次项系数通过了 10% 的显著性水平检验，呈现出 U 型线性关系。③农地流转对农业 ME 影响的地区差异表现为，中部地区（-0.2509）>东部地区（-0.4851）>西部地区（-0.5503），但只有东部地区检验结果显著。加入二次项，只有西部地区检验结果显著，为 U 型线性关系。④农地流转对农业 EC 的影响地区差异表现为，东部地区（0.2034）>西部地区（-0.1192）>中部地区（-0.3947），但只有东部地区检验结果显著。加入二次项后只有西部地区结果显著，呈现出 U 型线性关系。农地流转规模、气候条件、经济发展水平、农业发展进程、资本要素和人力资本水平对农地流转效率区域差异具有重要影响。

第8章　农地流转的经济增长效应

——以农业全要素生产率为中介变量

我国大力推进农地流转是为了实现农业经济增长由农业要素投入驱动向农业全要素生产率驱动的转变。本章的内容是对前文研究的进一步拓展和深化，我国学术界对此问题还没有深入展开研究。基于现实与政策背景，本章梳理了相关研究文献，提出本章的分析框架；以2005～2018年我国30个省份农业数据为样本，研究了农地流转的经济增长效应，借助中介效应模型，以农业TFP为中介变量考察农地流转对农业经济增长的直接效应和经由农业TFP产生的间接效应，测算了农业TFP的中介效应的大小。这对加快实现中国农业由要素投入型向技术推动型方式的转变，促进中国农业长足发展具有至关重要的作用。

8.1　研究背景

我国农业在改革开放后实现了快速发展，1979～1984年农业总产值年均增长7.7%，1985～1991年回落到4.4%，1992～2002年呈现出先快后慢的增长波动，平均增速为4.6%。2004～2019年农林牧渔总产值年均增长5.95%（见图8-1）①。2020年我国粮食产量再创历史新高，但是增速却有所下滑。在经济新常态和农业转型时期，我国农业如何才能保持持续稳定的增长？就改革开放40多年的发展历程来看，以要素投入驱动的增长模式已难以为继，新时代背景下农业经济增长需要由要素驱动转向TFP驱动。但是，当前我国农业发展方式

---

① 数据来源：根据历年《中国统计年鉴》整理而得。

中不健康、不可持续、缺乏竞争力的问题突出，特别是分散小规模经营的小农经济构成农业现代化的巨大障碍。更重要的是，小农户更容易形成"过密型"和"内卷型"农业，阻碍了农业分工的深化和农业 TFP 潜力的发挥。针对小规模分散经营方式的诸多弊端，就理论而言，通过推动土地流转集中发展适度规模经营是改进农业生产效率、促进农业经济稳定增长的有效途径。

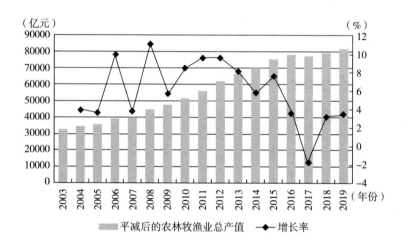

图 8-1 2003~2019 年我国农业总产值及实际增长率

近年来，在政府的强力推动下，农地流转得到了一定程度的发展，农地流转率由 2005 年的 4.6% 上升到 2018 年的 38.92%，但是，在人多地少的基本国情、农情下，农户积极参与农地流转的动力依然不足，相当数量的小农户仍不愿意转出土地，2018 年底，全国流转出承包耕地的农户占比达 27.7%，然而，另一项数据却表明，我国经营 10 亩以下的小农户比率高达 85.32%[①]，劳均耕地仅相当于英国的 3%、日本的 16%，农地流转进程中小农复制特征和农业内卷化现象并存（匡远配和陆钰凤，2018）。在此背景下，农地流转的经济增长效应如何？是否通过农业 TFP 促进了农业经济增长？对上述问题的解答，不仅关乎未来我国农地流转政策方向，更涉及农业发展方式的转变和农业经济持续稳定增长的路径优化。

---

① 数据来源：根据《中国农村经营管理统计年报》整理而得。

8.2 理论与研究假设

8.2.1 农地流转的经济增长效应

第一，通过刺激农业生产投资对农业经济增长产生影响。朱建军（2011）研究得出，现代农业需要大量资本，农地流转可以刺激政府、社会资本和规模大户对土地的长期投资。政府和社会资本致力于社会公摊资本的投资，主要用于农业基础设施和信息设备的不断完善；流转入土地的农户则以利润最大化为目标，通过增加对农业机械化技术的投入实现规模经营确保农产品收益的增加。彭继权（2019）指出，中国农地流转实践证明，农地流入不仅大大提高了社会公摊资本投资，农户农业机械化水平也显著提高，此上升效应远超出转出户的投资下降效应，他的观点与朱建军的观点基本一致。李姗姗和匡远配（2019）研究表明，农地流转增加了农业机械的使用频率和范围，农地流转对农业投资具有积极影响。第二，通过促进农民增收推动农业经济增长。胡初枝（2008）的实证研究表明，农地流转促进农业要素结构调整，活跃了劳动力市场，增加了农户的收入并刺激了家庭消费需求，相对于流转前的农户收入、消费结构和消费水平都会发生一定变化，在需求的拉动下，农民生活质量和地方经济水平都会得到改进。冒佩华（2015）通过微观调查数据分析得出的结论与胡初枝的一致。田欧南（2013）、张建等（2016）、钟国辉（2016）、夏雯雯等（2013）和冯应斌等（2008）通过实证研究均认为我国实施流转制度创新带来了农民收入增加和农村经济的繁荣。第三，通过改进农业生产条件对农业经济增长产生影响。张宗毅和杜志雄（2015）、张藕香和姜长云（2016）认为，农地流转会从农业基础设施建设和农业机械化提升两个方面改善农业经济发展的生产条件。

基于上述研究，本章提出研究假设1：农地流转对农业经济增长起到了正向推动作用。

8.2.2 农地流转对农业 TFP 的影响

王晓兵等（2011）、黄祖辉等（2014）、王倩等（2015）、戚焦耳等（2015）、高欣等（2016）、鄢姣等（2018）均认为，农户通过农地流转调整经营规模对效率产生影响，经营规模优化则农业生产技术效率会得到改进。曾雅婷等（2018）、蔡荣等（2018）、顾冬冬等（2020）基于微观数据研究均得出，耕地流转对样本农户小麦技术效率有正向调节作用。杨钢桥等（2018）认为，无论是流转入还是流转出耕地，都能有效提高技术效率；史常亮等（2020）得出了与上述一致的结论。李谷成等（2009）指出，农地流转有效促进了农业生产要素协调，较大程度发挥了要素组合效率；曲朦等（2019）认为耕地转入通过土地规模效应正向影响小麦生产规模效率。匡远配等（2016）认为农地流转能推动资本增密型技术进步。郭卫东等（2014）认为农业技术变革刺激了农地流转，农地流转进而诱导了技术变革，指出两者之间是双向因果关系。张丁等（2007）、杨凯育等（2013）、盖庆恩（2020）认为农地资源存在资源误配且误配的程度逐年提高。罗必良（2000）、贺振华（2006）指出土地流转后大量优质劳动力外流间接导致了农业效率的降低；田传浩等（2005）、钟甫宁等（2010）指出，土地流转并不能提升农业生产效率，陈训波等（2011）指出土地流转降低了农业技术效率；俞文博等（2016）指出农户流转土地不一定遵循效率优先，盲目流转会使得农业要素投入不匹配，导致农业规模效率降低。综上所述，农地流转对农业 TFP 可能有正向影响，也可能有负向影响，当然，这种负向影响多在农地流转率较高的情况下出现。我国大部分地区当前存在的问题是农地流转不够而不是过度流转。

基于上述研究，本章提出研究假设 2：农地流转对我国农业 TFP 起到了正向推动作用。

8.2.3 农业 TFP 与农业经济增长

18 世纪中期，重农学派领袖 Quesnay 就认识到了科学技术对农业经济增长的作用，他提出只有采用非传统的机械型生产技术才能让劳动者获得更多剩余农产品。农业 TFP 通过知识技术创新提升了农业生产效率，促进了中国粮食产量快速增长（顾焕章和王培志，1994）。随着农业技术不断研发，要素投入在农业经济持续增长中的作用逐步减弱，农业 TFP 的影响却在逐渐增强（郭卫东，2015）。王伟等（2011）认为农业 TFP 是农业生产力发展的核心因素，可通过农业机械技术创新和新技术市场推广来推动农业 TFP 提高。杭帆等（2016）认为在劳动力非农化形势下，农业 TFP 才是实现农业可持续增长的唯一途径，且此结论不受到区域差异的影响。农业 TFP 的提高会带动农村劳动力质量提升，高质量劳动力必然会带来农民收入水平的提高（张宽等，2017）。

基于上述研究，本章提出研究假设 3：农业 TFP 对农业经济增长具有显著的正向影响。

从掌握的文献资料来看，目前鲜有学者将农业 TFP 纳入研究框架考察农地流转的经济增长效应。尽管刘颖（2013）在研究农地流转对农业生产及农民收入的影响过程中对农业 TFP 的规模效率和配置效率效应进行了理论论述，唐珂（2017）尝试将农业 TFP 的技术效率纳入研究框架阐述农地流转规模化经营对农业生产的影响机理，但上述研究均未从农业 TFP 中介变量角度对农地流转影响农业经济增长展开实证检验。因此，本章致力于在这方面进行补充，将从农业 TFP 中介变量角度考察农地流转的农业经济增长效应（见图 8 - 2）。

图 8 - 2 "农地流转—农业 TFP—农业经济增长"关系

基于上述研究，本章提出研究假设 4：农地流转对农业经济增长有直接推动作用，还会通过农业 TFP 对农业经济增长产生间接影响。

8.3 模型构建、变量选择与数据说明

8.3.1 模型构建

根据前文分析，并鉴于本章主要为考察农业 TFP 在农地流转与农业经济增长之间是否具有中介作用，我们参考陈平等（2018）、温忠麟和叶宝娟（2014）的中介效应检验模型来进行实证分析。为此，我们构建了三个计量方程：

$$\text{growth}_{it} = \alpha_0 + + \alpha_1 \text{tfg}_{i,t} + \sum_k a_k X_{kit} + \mu_i + \lambda_t + \varepsilon_{it} \tag{8-1}$$

$$\text{TFP}_{it} = \beta_0 + \beta_1 \text{tfg}_{i,t} + \sum_k \beta_k X_{kit} + \mu_i + \lambda_t + \varepsilon_{it} \tag{8-2}$$

$$\text{growth}_{it} = \gamma_0 + \gamma_1 \text{tfg}_{i,t} + \gamma_2 \text{TFP}_{it} + \sum_k \gamma_k X_{kit} + \mu_i + \lambda_t + \varepsilon_{it} \tag{8-3}$$

研究将分三步检验农地流转是否通过农业 TFP 这一中介渠道对农业经济增长 growth 产生影响，如图 8 – 3 所示。第一步，检验方程（8 – 1）中农地流转 tfg_{it} 的系数 α_1 是否显著。若 α_1 不显著，则说明农地流转对农业经济增长无影响，应停止中介效应检验；若 α_1 显著，则中介效应检验可继续进行。第二步，依次检验方程（8 – 2）中农地流转 tfg_{it} 的系数 β_1 和方程（8 – 3）中农业 TFP 的系数 γ_2 是否显著。若 β_1 和 γ_2 均显著，则说明中介效应存在，是部分中介效应还是完全中介效应则取决于第三步检验的结果。当 β_1 和 γ_2 中至少一个不显著时，则还需进行 Sobel 检验，判断原假设 H_0：$\beta_1\gamma_2 = 0$ 是否成立。若拒绝原假设，则后续检验与逐步检验法下 β_1 和 γ_2 均显著的情形相同；若不能拒绝原假设，则说明农业 TFP 在农地流转影响农业经济增长的过程中没有起到中介效应。第三步，检验方程（8 – 3）中农地流转 tfg_{it} 的系数 γ_1 是否显著。在第二步 β_1 和 γ_2 均显著以及 Sobel 检验拒绝原假设的情形下，若 γ_1 显著，则说明存在部分中介效应；若 γ_1 不显著，则说明存在完全中介效应。根据中介效应的检验程序，若存在中介效应，则农地流转通过农业 TFP 渠道作用于农业经济增长的中介效应大小为 $\beta_1\gamma_2$，农地流转对农业经济增长总效应的大小为 $\beta_1\gamma_2 + \gamma_1$，因此中介效应占总效应的比重为 $\beta_1\gamma_2 / (\beta_1\gamma_2 + \gamma_1)$。

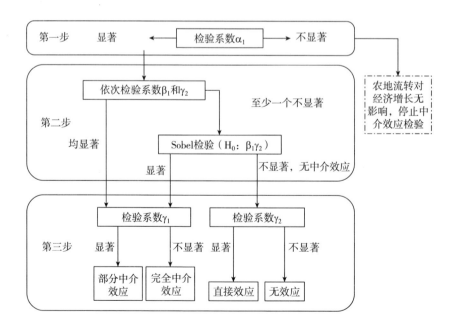

图 8 – 3 农业全要素生产率的中介效应检验程序

8.3.2　变量选择

模型中农地流转率tfg$_{it}$为解释变量，农业全要素生产率TFP$_{it}$为中介变量，根据农业投入产出数据、HMB 生产率指数和 R3.4.3 软件，测算出农业 TFP。方程（8-1）和方程（8-3）为农业经济增长率决定方程，方程（8-2）为农业 TFP决定方程。本部分参照张宇青等（2013）的做法，农业经济增长growth$_{it}$采用农林牧副渔总产值中的农业产值的对数序列表示。此外，X$_{kit}$为其他控制变量，μ$_i$为个体固定效应，λ$_t$为时间固定效应，ε$_{it}$为随机扰动项。方程（8-2）中控制变量的说明可参照本书第 6 章中的说明。方程（8-1）和方程（8-3）的农业经济增长方程中控制变量既包括要素投入影响因素、农业投入要素因素（第一产业劳动力投入 ldl、机械动力 jx、化肥 hf、农药 ny、播种面积 bzmj），也包括方程（8-2）中农业 TFP 的影响因素。

8.3.3　数据来源与描述性统计分析

为了测算农业 TFP，研究从《中国农业统计年鉴》中选取 2005～2018 年我国30 个省份的农业投入产出面板数据（西藏因数据不全而未被纳入）。回归方程所需农地流转数据来自《中国农村经营管理统计年报》，研究所需其他数据均根据 2005～2018 年《中国农村经营管理统计年报》《中国农业统计年鉴》中相关数据整理并计算得出。根据研究惯例，选取农、林、牧、渔中的农业产值这一指标表示产出 Y，农业经济增长growth$_{it}$指标采用农业产值 Y 的对数序列形式，用播种面积 bzmj（千公顷）表示土地要素投入，用第一产业就业人数（万人）表示劳动力投入 ldl，农业资本存量和资本品中间投入分别用机械总动力 jx（万千瓦）、化肥施用量 hf（万吨）和农药 ny（吨）表示。劳均农机总动力 ljjx（农业机械总动力/第一产业劳动力投入）、复种指数 fzzs（播种面积/耕地面积）、有效灌溉率 yxgg（有效灌溉面积/耕地面积）、财政支农占比 czzn（地方财政支农支出/地方财政总支出）、受教育年限 sjysp（Barro 和 Lee，2000）、受灾比例 szbl（受灾面积/播种面积）和农业结构 nyjg（农林牧副渔总产值/GDP）均为计算得出，变量描述性统计如表 8-1 所示。

表8-1 变量描述性统计

变量	平均值	标准差	中位数	最小值	最大值
growth	7.113	1.016	7.312	4.343	8.994
TFP	1.060	0.508	0.962	0.240	3.453
tfg	0.218	0.171	0.179	0.002	0.851
ljjx	4.617	2.298	4.319	0.994	13.890
fzzs	1.935	0.585	1.980	0.372	3.135
yxgg	0.775	0.367	0.717	0.287	2.365
czzn	0.102	0.035	0.108	0.012	0.190
sjysp	6.707	0.066	6.721	6.484	6.866
szbl	0.211	0.148	0.177	0.0086	0.936
nyjg	0.522	0.086	0.509	0.275	0.746
open	14.366	2.148	12.363	6.428	17.870
ldl	6.199	1.133	6.387	2.208	7.925
jx	7.582	1.080	7.766	4.543	9.499
hf	4.807	1.090	5.031	1.946	6.574
ny	10.410	1.258	10.92	7.377	12.060
bzmj	8.190	1.090	8.507	4.642	9.609

8.4 实证结果与分析

根据中介效应的检验程序，研究分三个步骤验证农地流转是否通过农业 TFP 对农业经济增长产生影响：第一步，对全样本模型（1）进行实证估计，以检验农地流转对农业经济增长的影响是否显著；第二步，对全样本模型（2）进行实证估计，以检验农地流转对农业 TFP 影响是否显著；第三步，对全样本模型（3）进行实证估计，以检验农地流转、农业 TFP 对农业经济增长的影响是否分别显著。Hausman 检验结果（见表8-2）表明应采用固定效应模型展开回归。

表 8-2　霍斯曼检验结果

	Chisq 值	P 值	regression
Chisq0	57.41	0.0000	全样本模型（1）
Chisq1	38.12	0.0000	全样本模型（2）
Chisq2	219.58	0.0000	全样本模型（3）
Chisq3	164.44	0.0000	东部地区模型（3）
Chisq4	34.84	0.0000	中部地区模型（3）
Chisq5	30.38	0.0007	西部地区模型（3）

8.4.1　农地流转对农业经济增长的影响：全样本

第一，农地流转对农业经济增长的影响。研究先基于全样本模型（1）展开估计。估计结果如表 8-3 所示。全样本模型（1）的回归结果表明，农地流转 tfg 的系数 α_1 均显著为正，农地流转给农业经济增长带来了正影响，从全样本模型（1）估计结果来看农地流转率每增加 1 个百分点，能推动农业经济增长提高 1.053%；α_1 显著，中介效应检验可进行下一步，全样本下研究假设 1 成立。此结论说明，近年来，在现实与政策背景推动下，农地流转得到了大力推广，随着新型农业主体的出现和农业劳动力专业化水平提升，农地流转适应了农业规模化、机械化和现代化的步伐，不断改善着农业经济发展的生产条件，推动农业生产要素从劳动力向机械化的替代，使流转入农户在作物种植选择上更加趋向理性，流转用于非粮化种植的面积由 2009 年的 0.84 亿亩上升到 2018 年的 2.92 亿亩，农户农业生产目标由传统的生存最大化逐步向利润最大化转变，这些对农业经济增长都产生了积极影响。控制变量 ljjx、yxgg、czzn、sjysp、szbl、ldl、jx、hf 对农业经济增长影响均显著，其他控制变量检验结果均不显著。

第二，农地流转对农业 TFP 的影响。由表 8-3 中模型（1）和模型（2）的估计结果可知，全样本农地流转 tfg 对农业 TFP 的影响系数 β_1 显著为正，即农地流转扩大会促进农业 TFP，农地流转率每提高 1 个百分点，可促进农业 TFP 提高 0.64%。我国农地流转在推动资本密集型技术进步和改善农业各生产要素间组合生产力、提高规模效率、促使农业配置效率实现突破性进展等方面起到了积极作用，但依然存在效率改进的空间和潜力。总之，通过提高农地流转可带来更高的农业 TFP 增长回报。控制变量 szbl 和 ljjx 显著，其他均不显著。

第三，农业 TFP 的中介效应回归结果。由表 8 - 3 中模型（3）的估计结果可知，相较于模型（1），在模型（3）同时加入农业 TFP 变量，农地流转率（tfg）的系数 γ_1 依然为正，且对 γ_1 显著性并未产生影响，农地流转 tfg 对农业经济增长仍然有显著正向影响；农业 TFP 的系数 γ_2 显著为正，农业 TFP 提高会显著提高农业经济增长。根据上述回归结果，我们得出：样本期农地流转率扩大和农业 TFP 会显著提高我国农业经济发展水平，结论验证了研究假设 3。农业 TFP 在农地流转影响农业经济增长的过程中起到了部分中介作用，农地流转除了对农业经济增长有直接影响外，还通过农业 TFP 渠道对经济增长产生间接影响，研究假设 4 得到验证。控制变量劳均农机总动力 ljjx、财政支农 czzn、受教育年限 sjysp、受灾比例 szbl、第一产业劳动力投入 ldl、化肥施用量 hf、机械动力 jx 检验结果显著，其他控制变量均不显著。

表 8 - 3 全样本回归结果

变量	模型（1）growth		模型（2）tfg		模型（3）growth	
tfg	1.887 ***	1.053 ***	1.166 ***	0.640 ***	1.892 ***	1.029 ***
	(23.434)	(10.246)	(13.401)	(9.272)	(23.616)	(10.165)
TFP	—	—	—	—	0.0567 **	0.0606 ***
					(2.259)	(3.762)
ljjx	—	-0.0594 ***	—	0.0549 **	—	-0.0560 ***
		(-4.570)		(2.198)		(-4.376)
fzzs	—	-0.0426	—	-0.00815	—	-0.0395
		(-0.839)		(-0.056)		(-0.789)
yxgg	—	0.180 *	—	0.269	—	0.164
		(1.728)		(0.828)		(1.600)
czzn	—	1.512 ***	—	1.332	—	1.611 ***
		(3.771)		(1.107)		(4.078)
sjysp	—	2.129 ***	—	1.338	—	2.234 ***
		(3.891)		(0.798)		(4.148)

续表

变量	模型（1）growth		模型（2）tfg		模型（3）growth	
szbl	—	-0.183***	—	-0.457**	—	-0.156**
		(-2.917)		(-2.313)		(-2.504)
nyjg	—	0.0119	—	-0.926	—	0.0744
		(0.051)		(-1.329)		(0.324)
open	—	0.054	—	0.0628	—	0.074
		(0.936)		(1.036)		(1.175)
ldl	—	-0.167**	—	—	—	-0.167**
		(-2.267)				(-2.311)
jx	—	0.410***	—	—	—	0.418***
		(5.414)				(5.613)
hf	—	0.779***	—	—	—	0.755***
		(6.914)				(6.804)
ny	—	-0.0834	—	—	—	-0.0809
		(-1.262)				(-1.246)
bzmj	—	0.0817	—	—	—	0.0671
		(0.736)				(0.614)
常数项	6.769***	-12.85***	1.061***	10.69	6.708***	-13.52***
	(334.347)	(-3.597)	(21.579)	(0.955)	(198.681)	(-3.846)
个体效应	控制	控制	控制	控制	控制	控制
时间效应	控制	控制	控制	控制	控制	控制
观测值	420	420	420	420	420	420
R^2	0.961	0.985	0.579	0.603	0.961	0.985

注：***、**和*分别表示在1%、5%和10%的水平上显著；括号内数值为t统计量。

8.4.2　农地流转对农业经济增长的影响：分区域

农地流转通过农业 TFP 这一中介渠道对农业经济增长的影响是否因地域不同而产生差异？国内有学者指出各省份自然、经济、技术等禀赋存在显著差异，会对农地流转的经济效应产生显著影响（匡远配等，2019），研究将对此问题展开进一步分析。基于此，研究后续分区对子样本进行估计（见表 8 - 4）。研究分区估计了东部地区、中部地区、西部地区的农地流转、农业 TFP 与农业经济增长效应，限于篇幅大小，此处只将模型（3）检验结果报告在表8 - 4中。

表8 - 4　东部地区、中部地区、西部地区分样本回归结果

变量	东部地区模型（3）：growth		中部地区模型（3）：growth		西部地区模型（3）：growth	
tfg	1. 126 ***	0. 805 ***	1. 981 ***	0. 900 ***	3. 401 ***	1. 462 ***
	(10. 929)	(8. 032)	(18. 077)	(2. 850)	(23. 171)	(4. 225)
TFP	0. 0394	0. 00310	0. 0842	0. 124 ***	0. 0958 ***	0. 0880 ***
	(1. 204)	(0. 201)	(1. 509)	(2. 978)	(2. 960)	(3. 115)
ljjx	—	− 0. 0600 ***	—	− 0. 0637 *	—	− 0. 109 ***
		(− 5. 113)		(− 1. 728)		(− 2. 885)
fzzs	—	0. 278 ***	—	− 0. 232	—	− 0. 0223
		(5. 351)		(− 1. 473)		(− 0. 248)
yxgg	—	− 0. 200 *	—	1. 180 ***	—	− 0. 233
		(− 1. 897)		(4. 112)		(− 1. 100)
czzn	—	2. 854 ***	—	1. 462 **	—	0. 487
		(5. 615)		(2. 055)		(0. 693)
sjysp	—	4. 825 ***	—	1. 285	—	2. 491 **
		(7. 924)		(0. 912)		(2. 045)
szbl	—	− 0. 0409	—	− 0. 222 **	—	− 0. 251 *
		(− 0. 668)		(− 2. 043)		(− 1. 949)
nyjg	—	− 0. 580 *	—	0. 317	—	− 0. 688
		(− 1. 949)		(1. 009)		(− 1. 370)
open	—	0. 086	—	0. 062	—	0. 091
		(1. 336)		(1. 004)		(1. 496)
ldl	—	− 0. 159 **	—	0. 172	—	− 0. 282 *
		(− 2. 221)		(1. 218)		(− 1. 930)
jx	—	0. 655 ***	—	0. 229	—	0. 577 ***
		(6. 243)		(1. 329)		(3. 477)
hf	—	0. 946 ***	—	0. 445	—	0. 570 ***
		(5. 980)		(1. 344)		(3. 018)
ny	—	− 0. 290 ***	—	0. 472 **	—	− 0. 0382
		(− 3. 559)		(2. 513)		(− 0. 401)

续表

变量	东部地区模型（3）：growth		中部地区模型（3）：growth		西部地区模型（3）：growth	
bzmj	—	−0.131	—	0.613*	—	0.264
		（−1.451）		（1.751）		（0.860）
常数项	6.812***	−29.67***	7.148***	−17.88*	6.200***	−16.01**
	（132.768）	（−7.224）	（144.182）	（−1.780）	（130.854）	（−2.069）
个体效应	控制	控制	控制	控制	控制	控制
时间效应	控制	控制	控制	控制	控制	控制
观测值	154	154	112	112	154	154
R^2	0.978	0.996	0.932	0.974	0.970	0.981

注：***、**和*分别表示在1%、5%和10%的水平上显著；括号内数值为t统计量。

检验结果显示，东部地区、中部地区、西部地区的农地流转率（tfg）的系数γ_1均显著且系数为正。在加入控制变量的模型（3）中，三个地区农业 TFP 的系数γ_2均为正。东部地区农业 TFP 的系数γ_2不显著；中部地区未加入控制变量时农业 TFP 的系数γ_2不显著，加入控制变量后γ_2显著。研究结果表明，东部地区农业 TFP 的系数γ_2不显著，没有通过 Sobel 检验。中部地区和西部地区检验结果接受了 H_0：$\beta_1\gamma_2 = 0$ 的原假设，通过了 Sobel 检验。因此研究认为：东部地区、中部地区、西部地区农地流转会显著提高农业经济增长；中部地区、西部地区农业 TFP 提高会显著推动农业经济增长，农地流转除了对农业经济增长有直接影响外，还通过农业 TFP 这一中介变量对农业经济增长产生间接影响，农业 TFP 在农地流转影响农业经济增长的过程中起到了部分中介作用。

8.5 中介效应的测算

根据所有的估计结果可知，全样本与西部地区、中部地区子样本回归模型（1）中农地流转的系数α_1、模型（2）中农地流转的系数β_1以及模型（3）中农业 TFP 的系数γ_2均显著异于零，且模型（3）中农地流转的系数γ_1均显著为正，可认为农业 TFP 在农地流转影响农业经济增长率的过程中发挥了部分中介效应。全样本与西部地区、中部地区子样本农业 TFP 在农地流转影响农业经济增长中的中介效应的大小如表 8 – 5 所示。可以看出，虽然农地流转对农业经济增长具有间接影响，但影响程度较小。东部地区样本检验结果不显著，不计算中介效应结果。总之，农地流转对农业经济增长有直接正向作用，也通过农业 TFP 对农业经济增长产生间接影响，直接影响占总影响的比重较高。因此得出，基于全样本、西部地区、中部地区样本农业 TFP 在农地流转影响农业经济增长的过程中发挥了部分中介效应。

表 8 – 5　农业全要素生产率的中介效应大小

指标	全样本	西部地区	中部地区
γ_1	1.029	1.462	0.900
β_1	0.640	0.956	0.850
γ_2	0.0606	0.0880	0.124
中介效应 $\beta_1\gamma_2$	0.038784	0.084128	0.1054
中介效应/总效应 $\beta_1\gamma_2/(\beta_1\gamma_2+\gamma_1)$	0.036322	0.054412	0.104834

8.6　本章小结

本章借助中介效应模型，利用 2005～2018 年的农业数据，以农业 TFP 为中介变量，检验了农地流转的经济增长效应，分东部地区、中部地区、西部地区对模型进行了检验。得出以下结论：

第一，农地流转对农业经济增长具有显著的推动作用。农地流转率每增加 1 个百分点，能推动农业经济提高 1.053%。说明近年来我国通过农地流转不断改进了农业经济发展的生产条件，增加了农民收入，促进了农业经济不断提升。

第二，农地流转除了对农业经济增长有直接正向影响外，还通过农业 TFP 对农业经济增长产生间接正向影响，农业 TFP 的中介作用显著，但影响效应偏低，仅占 3.6322%。分区结果显示，西部地区中介效应占 5.4412%，中部地区占 10.4834%，东部地区中介效应检验结果不显著。

　　以上结论为农地流转的经济增长效应中农业 TFP 的中介影响提供了实证层面的支持。

第9章 研究结论与政策建议

基于农业发展的现实矛盾、农业增长方式转型升级与农地流转小农复制特征的现实迫切性，学术层面对农业 TFP 和农地流转效率问题展开了深入探讨并取得了丰硕的成果，为本书提供了重要参考。然而，由于受到变量选取、测算方法、样本量和研究期的影响，导致了农业 TFP 测算结果差异性和对中国农业经济增长来源解释的不确定性。现有农地流转效率问题研究多集中在单要素生产率方面，农地流转综合效率研究结论也存在较大争议。在通过农地流转规模经营实现由传统农业向提高 TFP 的现代农业转变的大背景下，本书具体回答了以下问题：①在农地流转大背景下，流转现状如何？②近年来中国农业 TFP 增长如何？是由哪个效率驱动的？③农地流转对农业 TFP 影响机理是什么？④在流转小农户仍占绝对主体情况下，我国农地流转真的推动了我国农业 TFP 增长吗？农地流转对农业 TFP 影响是否受到地区差异的影响，原因是什么？⑤农地流转的经济增长效应如何？农业 TFP 是否发挥了中介作用？通过对以上问题的研究，本章形成以下研究结论和政策建议。

9.1 研究结论

9.1.1 农业 TFP 测算、分解与收敛性

2005～2018 年，中国农业 TFP 平均增长率为 7.7191%，规模效率是农业 TFP 的主要推动力量，技术效率平均增长率仅为 0.62%，农业技术进步率和配置效率是农业 TFP 的短板；农业 TFP 存在显著地区差异；市场化指数、人口城镇

化有利于农业 TFP 的收敛，有效灌溉率有利于技术进步率之外的其他效率收敛，而农业产业结构和人均 GDP 则阻碍了农业 TFP 的收敛。

9.1.2　农地流转对农业 TFP 的影响机理

第一，农地流转通过推动资本深化、刺激新型农业主体和诱导性技术的产生推动农业技术创新，还通过制度创新刺激农业技术内生增长。农地流转过程中存在的资本过度深化、资本无效堆积等现象对农业技术进步产生了负面影响。第二，农地流转通过要素重组和产权制度变革改进配置效率。然而，农地流转到生产能力较弱的滞留农户手中和农地流转引起的要素拥挤效应，不利于配置效率提高。第三，农地流转通过扩大经营规模提升农业内、外部规模经济效益，但农地流转要素市场没有完全抑制农民的生产积极性和规模效率的提升。第四，农地流转通过技术农民的技术推广、农业生产条件的改善和要素重组提升了技术效率，但是流转户不一定遵循技术效率优先原则、流转环节存在的现实难题和政府的不当干预都是技术效率提升的阻力。经过系统理论分析得出，农地流转对 TFP 不仅存在正向影响，也存在负向影响。

9.1.3　农地流转对农业 TFP 的影响实证分析

第一，农地流转对农业 TFP 有显著正向影响，二次项模型显示两者之间也存在显著倒 U 型关系。随着农地流转率的提高，农业 TFP 快速增加，当流转率提升到一定水平后，农业 TFP 增速减慢，直至拐点（0.491）增速为零。420 个农地流转率样本值中仅有 29 个跨越了这一拐点，处在倒 U 型曲线的递减区域。

第二，农地流转对分解指数的影响。农地流转对规模效率（SC）和技术效率（EC）有显著的正向影响，对技术进步率（TC）和配置效率（ME）有显著的负向影响。加入二次项以后，农地流转对 SC 的影响是开口向下的显著倒 U 型关系。近年来，农地流转促进了规模效率的提升，样本期 367 个农地流转率样本值处在规模效率递增区域，规模增长潜力尚未充分释放；对技术进步率的影响是开口向上的显著 U 型关系，我国农地流转对技术进步率的影响存在"低端锁定"的风险。

第三，农地流转对农业 TFP 影响存在显著的地区差异，影响效应东部地区（3.2648）＞西部地区（0.7630）＞中部地区（-0.2194），三个地区检验结果均显著。东部地区农地流转对农业 TFP 影响最大。东部地区得益于天时地利，经济发展明显领跑于中部地区、西部地区，且财政实力也较中部地区、西部地区雄厚，农地流转有效促进了农业 TFP 的提升，特别是对 SC 拉动较为突出；中部地区影响为负，随着农地流转率提升，农业 TFP 不但没有改进，反而有所下降。二次项模型中，东部地区和中部地区均通过显著性检验，呈现出倒 U 型非线性关系，与总体检验结果一致。农地流转规模、气候条件、经济发展水平、农业发展进程、资本要素和人力资本水平对农地流转效率区域差异具有重要影响。

9.1.4 农地流转的经济增长效应

农地流转率每增加 1 个百分点，农业经济增长将提升 1.053%。农地流转除了对农业经济增长有直接正向影响外，还通过农业 TFP 中介变量对农业经济增长产生间接正向影响，农业 TFP 的中介作用显著，但影响效应偏低，全样本下农业 TFP 中介效应仅为 3.6322%。分区结果显示，中部地区中介效应为 10.4834%，西部地区中介效应为 5.4412%，东部地区检验结果不显著。

9.2　政策建议

借助农地流转契机，推进农业 TFP 较快且稳定地增长，是我国未来农业发展的方向，本章根据上述研究结论，提出以下政策建议。

9.2.1 推动农地有序流转，重视流转地区差异

9.2.1.1 完善流转制度支撑体系

在农地产权的"三权分置"制度确立的基本条件下，新修改的《土地管理法》颁布实施，我国近年来实施的一系列农地流转政策措施为推进农地流转提供了政策性保障。接下来要着重跟进农地金融政策保障和完善土地产权，确保下一环节活动顺利实施。如何才能赋予农地更明确的产权职能，需要政府在不断完善流转制度前提下，明晰流转入和流转出双方的权责，通过规范的制度对流转双方行为加以约束，确保农地市场活动有序展开，从而进一步活跃我国农村市场。流转中不仅要以经济利益为导向，更要注重农业长期发展的社会利益，应充分尊重

农户的意愿，稳定社会关系。此外，需要不断解除农户流转农地的后顾之忧，流转出户从土地中解放出来，要引导他们投入到非农就业中，保证他们拥有持续的收入来源。流转入户在获得农地经营权后政府应加强引导，合理调整农业生产结构和要素投入结构，确保农户在农业生产上的资金投入。

9.2.1.2 加快流转方式和机制创新

从第 4 章的统计数据可以看出，出租（转包）依然是广大农户常用的流转模式，而这类流转模式最大的问题在于，流转被限定在小农之间，这也是我国实施农地流转后家庭经营规模仍然偏小的根本原因。传统模式流转出户不必承担任何农业经营风险，低风险意味着低回报，农户流转的积极性没有得到提高。而更具有市场竞争优势和较好组织制度安排的信托、股份合作制、抵押等只是非主流的流转模式，占比仅为 5%，成为农业现代化的约束。受到土地特性和农村信息网络设备落后的双重约束，我国农地流转行为被局限在集体经济组织成员内部，土地要素流通受到土地本身特性和制度的限制和市场机制现状的约束，我国农业经济发展中的各类要素组合生产力的潜力没有得到充分挖掘。一方面，在支持农户和集体经济组织采取传统方式流转承包地的同时，应通过搭建流转信息和服务平台，鼓励农户通过委托代理、合作入股、土地信托、抵押等新模式实施流转，明确流转双方的权利和责任，农户流转土地规模经营只要能获得更多经济收益，在利益驱使下，农户也愿意承担一定的农业经营风险；另一方面，建立多元化退出机制，为到城市工作或落户的农户解除后顾之忧。

9.2.1.3 搭建农地流转市场平台，健全流转价格市场机制

我国目前市场机制尚不完备，流转价格机制存在一定程度的扭曲，这对农地转入和转出均产生了消极的影响。期望流转出农地的农户因无法获取流转需求信息，可能会以相对低廉的租金转让土地给当地其他小农户，导致农地无法流入到种植能手、规模大户手中，从而降低了配置效率，不利于农地收益的增加和分配。农地交易价格不仅影响转出农户的流转意愿，也会影响转入户的成本，农地市场流通必须建立在合理而完善的价格机制之上。首先，推动农地承包经营权流转的制度化、规范化，打造公平合理、有效规范的流转市场，是对农地流转出农户和流转入农户双方利益的保护。减少农户农地流转过程中的信息不对称性，降低流转市场交易成本需要充分发挥流转中介机构、政府相关职能部门等的专业信息和服务职能。流转价格制定既要服从交易主体自主定价、中介机构评估定价市

场规律，也要遵循政府引导流转定价的双重流转价格形成体制。其次，要运用现代信息化网络手段，及时发布不同形式农地流转的参考价格，建立和修正流转价格核算模型，提高定价的合理性。最后，引导小农将土地流向现代经营主体，是提升农地流转效率的关键。

9.2.1.4 流转制度的制定与实施要体现出地区差异

针对农地流转效率存在区域差异的结论，在农地有序流转过程中，要充分调研了解农村、农地和农户实情，要因地制宜进行引导，不能"一刀切"。具体来说，在以下方面要能体现出差异。第一，引导农地适度流转，重视流转规模差异。我国领土面积大，各地区农地自然条件存在较大差异，比如东北地区的土地较南方地区平整，更容易土地整合连成片，西南地区多为丘陵，实现大片农地规模经营困难较大，成本也较高。适度规模的"度"很难把握，因为农业规模化经营受到自然条件、经济水平等诸多因素的影响，故流转规模不尽相同。有研究专家指出，东北地区的适度规模为 60～120 亩，西南地区为 30～60 亩（钱克朋和彭廷军，2014），这里只是给适度规模提供了参考，具体情况因地区而定。第二，大力推进对中西部地区农业融资，融资渠道多样化。一方面，地方政府要结合地区实际情况采取积极的措施，建立信息服务平台来确保推动供求信息畅通，广泛将社会资本纳入融资范围，吸收优质社会资本融入现代农业。另一方面，保障农地稳定有序的流转必须充分发挥政府的协调作用，政府在融资过程中要兼顾小农的资本需求，降低小农获取农业生产资金支持的门槛。根据农地市场供求状况和物价水平，因地制宜地制定符合本地区农情的流转价格体制，确保供需基本平衡和流转价格合理。第三，重视流转模式与流转合同的差异。尽管股份合作、入股合作社是当下较为先进的流转模式，但农户依然热衷于出租（转包）模式，原因有两方面：一是农户对新型流转模式认识不足；二是农户认为出租（转包）收入较为稳定，而且能保持承包权的稳定，让农户能放下顾虑参与到非农生产中，增强农户的安全感。通过宣传教育，要让农户学习了解更先进的流转模式。当然，这需要适当结合当地经济发展水平、农户受教育水平和对农地流转模式的认知水平等实际情况。实践证明，股份合作、入股合作社就比较适合在东部发达地区推广。

9.2.2 推进科技兴农，提升农业技术进步率

随着农地流转不断扩大，新型农业主体的扩大，滋生了更多农业技术需求，农业 TFP 的增长是近年我国农业获得快速增长的重要原因，研究结果却显示，近年来随着农地流转率的提升，我国农业技术进步率不但没有提升，反而出现下降，这非常值得我们深思。这从侧面表明我国农业技术发展中还存在非常多亟待解决的问题，这些问题如果得不到根本解决，会制约农地流转效率的提升。

第一，加大农业科研投资力度。继续依赖政府财政资金投入，短期内势必难见成效，更可行的途径可能在于扩大农业科技资金的来源，尤其是非政府科研资金，逐步形成多元化的投资渠道和投资主体。改变我国农业科技投入来源集中和单一现状，引导政府投资向基础研究倾斜，而应用研究和研发等具有商业营利性的项目，应更多地吸引民间资本、民营企业或非政府的社会机构进行投资。完善农业高新科技企业融资机制，推动重大农业科技项目攻关，加快优质农产品研发；全面提升农民科技素养，鼓励农民学习农业新知识，推动农业科研、教育、推广相结合，提高农业 TFP，推动农业经济增长。

第二，重视配套技术在农业的扩散渗透与应用。重视这类配套农业技术在农业的应用可从以下方面做起：充分利用当下先进的互联网大数据、现代信息通信设备和物流技术，发展"互联网＋现代农业"，鼓励新型农业主体和经营大户通过互联网建立产供销供应链模式，发展农村电子商务，实现农产品网络线上销售和实体店线下销售，通过开展农产品深加工业和包装工程来提升特色农产品的附加值。此外，还可以借助大数据、云计算、区块链等新型农业配套技术发展现代智慧农业、农产品加工业、精准农业等新业态农业，在农业配套技术开发与推广中将公益目的和农业经营两个目标结合起来，实现农业经济发展的经济效益和社会效益。

第三，加强农业科技体制改革。具体来说，可以从以下三方面着手：首先，针对我国农业科技创新投入机制的问题，可通过多元化融资渠道，激励龙头企业和新型农业主体投入农业科研创新，政府对于农业的扶持，可以立足于信贷、税收方面提供优惠，提高农户积极性和利润空间。意识到农业发展中资本化需求，不断进行组织制度和金融体制改革创新，为满足农村金融需求创造必要的条件并给予适当的支持。其次，针对我国科研机制运行创新主体活力不够、科研水平不

高和组织结构单一等问题，激发农业创新的前提是保障农户的收益，同时也应注意遵循市场为导向，政府参与相结合，针对农村市场需求开发适合市场需要的农产品加工技术、物流包装技术和服务技术。设立农业与配套服务业科技创新奖励基金，重点奖励在农业技术开发和传播中有突出贡献的农业科技创新型农业主体和农户。最后，针对我国农业科技创新成果转化率不高的问题，可酌情设置创新成果推广机构，科学制定推广计划、分配推广资金和组织各类项目实施。

9.2.3 优化要素配置组合，提升农业配置效率

9.2.3.1 规划农村劳动力投入要素的数量、质量和结构

劳动力投入要素质量和要素结构优化对农业 TFP 改进具有重要影响。我们通常把普通劳动力投入视为要素投入，但是高质量农业劳动力被视为人力资本，对农业 TFP 具有重要影响。近年来，我国农村劳动力受教育水平和农业技术水平都在不断提升。然而，高素质农村劳动力更倾向于流转出而不是流转入农地，青壮年、高素质农业劳动力具有市场竞争力，能通过参与非农就业获得比农业生产更高的比较利益，实证表明，农村人力资本具有更高的非农转移的可能性。非农就业、户籍制度改革和农业受益低下等外部因素进一步增加了效率农民非农转移的可能性。农地撂荒、"三留人口"问题已不是局部问题。如何将"三留人口"之外的农民留在第一产业上，并将其转化为新型职业农民是一个非常紧迫的问题。一方面，政府以三产融合为思路导向，为增加农产品附加值创造更多的思路和机会，作为理性的农民，在农产品上获得更多的比较收益，才会更加主动地投身于农业生产和加工上；另一方面，增加第一产业吸引力关键是努力搭建良好信息网络等硬件、软件平台，吸引各界"成功人士"、大学生投入到乡村振兴事业中，活跃农村经济。

9.2.3.2 确保农地投入要素的数量和质量

农地是农业生产的基本投入要素。首先，在推进农地流转过程中，要确保以农业生产为前提，守住耕地红线，在工业化、城镇化进程中要尽量避免农地过度流转导致的工业建设用地对农业土地资源的挤占，确保我国粮食安全。其次，继续稳步实施高标准农田建设，监理农田监督和考评体制。政府需要加大对农业的投资，用于基础农田水利设施建设，将保护农地和提高农地质量纳入农村考评体系，确保农地投入要素的数量和质量。最后，因地制宜把握流转规模。农地规模

整合需要投入大量的资金，整合土地之前必须意识到农地经营规模过大或者规模过小都会对农业规模效率造成直接影响。流转过程中应核算农地成片开发的成本，对于农业生产条件优越、农地成片成本较低的农业主产区，采取大规模土地经营方式能有效提高农业规模效率和 TFP，相反，对于不适宜成片规模经营或者农地成片成本较高的农业主产区，则不应实施大规模流转。

9.2.3.3 提高农业资本投入的数量和使用效率

未来农业是资本密集型和技术密集型两相结合的农业，我国农业在向现代农业转变的过程中需要持续的大量的资本投入，政府对农业的资本投入主要用于社会公摊资本如基础设施建设，资本投入环节要确保资金的使用效率。整合并优化支农专项资金，必须搭建支农资金使用评价机制，确保资本流向信息及时反馈和资金用到实处。充分调动包括小农在内的各类经营主体在资金使用中的监督积极性，鼓励各类企业通过市场化手段参与到农业中来，提高互联网和信息手段在农业中的地位和作用。

9.2.3.4 完善并规范市场体制与政府调控体制，优化农业要素配置组合

等量的农业投入要素在不同的组合中能发挥出不同的生产率，农业要素组合不合理，可能导致某些要素剩余，其他要素使用过度，从而影响农业产出。只有在农业投入要素能自由流通的前提下，农业投入要素才有重新配置组合的可能，然而现实情况是我国目前农业要素市场还存在很多问题：交易成本和组织成本过高、发展还不健全、信息不对称与监管不规范增加了要素交易成本，农业要素组合效率得不到充分发挥。一方面强化政府地位和作用。有所为有所不为，减少政府失灵。政府可以将着力点放在如何健全流转市场、规范管理、强化农地流转市场监管和公共服务等功能上面。另一方面，完善农村市场机制，确保物流、信息流和资金流在农村市场畅通，充分依靠市场体制实现农业资源配置，完善市场机制，利用市场调节提高农地流转配置效率。

9.2.4 优化农地规模，提升农业规模效率

9.2.4.1 提升小农的经营规模

2018 年底，我国经营 10 亩以下的农户比例仍高达 85.3%，虽然近年来我国农地流转进程加快，但是并未改变我国小农户占主体的局面，农地流转的规模增长潜力尚未充分释放。一方面，要积极推动农业规模化经营；另一方面，要控制

有些地方出现过度流转的规模化。因地制宜、因时制宜，分类制定和实施农业规模经营的目标与计划。共同推进统一社会服务型规模化经营体系，在农地无法集中流转的地区，通过这类第三方服务机构助推农业规模化经营。在保持以家庭为单位的基础上，为小规模农户提供部分或所有环节的农业生产组织形式，为小农户流转经营提供有效的补充，是一种可行性高的实现方式。因此，要根据各个地区的实际情况选择最优的实现形式，推动土地集中型和统一服务型两种实现形式发展，有效发展农业适度规模经营。

9.2.4.2　引导农地向新型农业经营主体与新型职业农民流转，实现适度规模经营

新型农业经营主体与新型职业农民从事、从业生产的目的不再是维持生产，而是以利润最大化为目标，以期获取更多农产品收益。通过规模化生产、调整农产品生产结构和引用农业技术，能帮助他们实现这一目标。引导农地流向新型农业经营主体与新型职业农民，实现适度规模经营，具体要做到：第一，壮大新型职业农民。政府应加大对技术农民的教育投资力度和重视对技术农民的持续农业生产技术培养，是为传统农民向技术农民转变寻找更多的可能性。第二，制定分类政策帮扶和指导不同类型的新型农业经营主体。比如，针对龙头企业，政府政策着重于扩大企业的影响力和辐射范围，整合企业资源，扩大其在价值链上的影响，引导龙头企业发挥地区农业经济发展的带头作用。而对于资源整合能力较差的普通家庭农场，政策应注重对职业农民的个人技术能力的培养，培养目标应定位在增强农业主体的技术转化和吸收能力上。第三，引导新型农业经营主体实现产业融合，拓宽融资途径。一方面，积极开展产品对接、要素联结和服务衔接，打造融合组织联盟，引导产业集群集聚发展，形成特色竞争优势；另一方面，要鼓励信贷、保险、担保等机构针对新型农业经营主体创新产品和服务，扩大抵质押融资等工具应用，借助金融科技手段获取金融服务，降低融资交易成本。第四，防止规模过大引起的规模不经济。结合地区实际，预防大户经营规模过大导致的规模效率递减，因地制宜对农地流转给予引导。

9.2.5　重视农业技术推广，提高农业技术效率

农地流转的技术效率可能被抑制，原因在于：一方面，农地流转供给与流转需求的矛盾。农村信息网络设备相对落后，加上农地流转市场不完善，容易引起

农地流转市场供给与需求信息的不对称性。此外，现代农业生产要求土地集中化、规模化经营的需求与现阶段农地流转局限在小农之间的现实加剧了这一矛盾。另一方面，传统农业经营主体与现代农业经营主体生产目标不同。新型农业经营主体和新型职业农民以农业生产利润最大化为目标，这与长期以来传统农业风险规避的生存目标之间存在显著矛盾，这些矛盾是长期以来我国农业制度下积累的矛盾，现实难题很难在短时间内得到解决。基于上述矛盾，一方面，通过实地调研，掌握农户流转入和流转出土地的真实意愿，以增加农业收入为导向，对农户实施分类引导。要降低长期以来传统农户对农地的依赖，帮助农户转变思想，引导农户将农地流转到新型农业经营主体手中。另一方面，加强对农民长期的教育与农业生产培训，让农户及时获得最先进的农业技术知识，并获取农户对知识技术的吸收情况的反馈信息，查漏补缺，增强农民的技术运用和推广能力。多样化技术推广模式，为农民接受与使用农业新技术创造良好的制度与环境条件。

参考文献

[1] Yu Sheng, Xiaohui Tian, Weiqing Qiao, Chao Peng. Measuring Agricultural Total Factor Productivity in China: Pattern and Drivers over the Period of 1978 – 2016 [J]. Australian Journal of Agricultural and Resource Economics, 2020, 64 (1).

[2] Schultz, T. W. Transforming Traditional Agriculture [M]. Transforming Traditional Agriculture: Yale University Press, 1964.

[3] Wegern, S. K. Why Rural Russains Participate in the Land Market: Socio – economic Factors [J]. Post – Communist Economies, 2003, 15 (4).

[4] Joshua, M., Duke Eleonra, M. Prieere. Pression in the Slovk Agricultural and Market [J]. Land Use Poliey, 2004 (21).

[5] Vikas, R. Agrarian Reform and Land Markets: Astudy of Land Transactions in Two Villages of West Bengal, 1977 – 1995 [J]. Economic Development and Cultural Change, 2001 (7).

[6] Restuccia, D., R. Santaeulalia Llopis. Land Misallocation and Productivity [R]. Working Paper, 2014.

[7] Mathenge, M. K., Smale, M., Tschirley, D. Off – farm Employment and Input Intensification among Smallholder Maize Farmers in Kenya [J]. Journal of Agricultural Economics, 2015, 66 (2).

[8] Arthi, V., Fenske, J. Intra – household Labor Allocation in Colonial Nigeria [J]. Explorations in Economic History, 2016 (60).

[9] Adamopoulos, T., Brandt, J., Leight, D. Restuccia. Misallocation, Selection and Productivity: A Quantitative Analysis with Panel Data from China [R]. Working Paper, 2019.

［10］Adamopoulos, T. , D. Restuccia. Land Reform and Productivity: A Quantitative Analysis with Micro Data ［J］. American Economic Journal: Macroeconomics, 2020, 12 (3).

［11］Stig Thogersen. Village Economy and Culture in Contemporary China ［J］. Modern China, 2002, 28 (2).

［12］Basu, A. K. , Oligopsonistic Landlords. Segmented Labour Markets and the Persistence of Tier – Lahore and Contracts ［J］. American Agricultural Economic Association, 2002 (2).

［13］Lyne, M. C. , Ferrer, S. R. D. Farmland Transfers in KwaZulu – Natal, 1997 – 2003: A Focus on Land Redistribution Including Restitution ［J］. Basiscrsp Management Entity, 2006 (3).

［14］Zvi Lerman, Natalya Shagaida. Land Policies and Agricultural Land Markets in Russia ［J］. Land Use Policy, 2006, 24 (1).

［15］Joshua, M. Duke, Eleonóra Marišová, Anna Bandlerová, Jana Slovinska. Price Repression in the Slovak Agricultural Land Market ［J］. Land Use Policy, 2003, 21 (1).

［16］Bartelsman, E. J. , Haltiwanger, J. , Scarpetta, S. Cross – country Differences in Productivity: The Role of Allocation and Selection ［J］. The American Economic Review, 2013, 103 (1).

［17］Abay Kibrom, A. , Chamberlin Jordan, Berhane Guush. Are Land Rental Markets Responding to Rising Population Pressures and Land Scarcity in Sub – Saharan Africa? ［J］. Land Use Policy, 2020 (2).

［18］Štefan Buday, Ol'ga Roháciková, Aubica Rumanovská. Analysis of the Agricultural Land Market Transactions in Selected Regions of Slovakia in the Years 2007 – 2016 ［J］. Acta Regionalia et Environmentalica, 2018, 15 (2).

［19］Jason Loughrey, Trevor Donnellan, Kevin Hanrahan. The Agricultural Land Market in the EU and the Case for Better Data Provision［J］. Euro Choices, 2020, 19(1).

［20］Joshua, M. Duke, Eleonóra Marišová, Anna Bandlerová, Jana Slovinska. Price Repression in the Slovak Agricultural Land Market ［J］. Land Use Policy, 2004, 1 (21).

[21] Zvi Lerman, Natalya Shagaida. Land Policies and Agricultural Land Markets in Russia [J]. Land Use Policy, 2007, 24 (2).

[22] Lang, H., Ma, X., Shi, X., et al. Tenure Security and Land Rental Market Development in Rural China Actual versus Perceived Security [J]. Annual International Conference, 2014 (10).

[23] James Kai – sing Kung. Off – Farm Labor Markets and the Emergence of Land Rental Markets in Rural China [J]. Journal of Comparative Economics, 2002 (30).

[24] Tesfaye Teklu, Adugna Lemi. Factors Affecting Entry and Intensity in Informal Rental Land Markets in Southern Ethiopian Highlands [J]. Agricultural Economics, 2003, 30 (2).

[25] Hong Yang, Guiping Chen. A Study of the Factors that Affect Farmers' Willingness to Transfer Land in the Central Regions Based on a Survey of 180 Farmers in Suizhou City [J]. Asian Agricultural Research, 2016, 8 (11).

[26] Jiang, Paudel, Mi. Factors Affecting Agricultural Land Transfer – in in China: A Semiparametric Analysis [J]. Applied Economics Letters, 2018, 25 (21).

[27] Jiang, Li, Paudel, Mi. Factors Affecting Agricultural Land Transfer – out in China: A Semiparametric Instrumental Variable Model [J]. Applied Economics Letters, 2019, 26 (20).

[28] Ian, Orton. Just Give Money to the Poor: The Development Revolution from the Global South—By Joseph Hanlon, Armando Barrientos, and David Hulme [J]. International Social Security Review, 2011, 64 (1).

[29] Jin, S. Q., Jayne, T. S. Land Rental Markets in Kenya: Implications for Efficiency, Equity, Household Income and Poverty [J]. Land Economics, 2013, 89 (2).

[30] Keswell, M., Carter, M. R. Poverty and Land Redistribution [J]. Journal of Development Economics, 2014 (110).

[31] Lam, H. M., Remais, J., Fung, M. C. Food Supply and Food Safety Issues in China [J]. The Lancet, 2013, 381 (6).

［32］ Lin Zhang, Kaiwen Feng. Analysis of the Impact of Rural Land Transfer on Farmers' Income: A Case Study of Farmers in Zaozhuang City ［J］. Asian Agricultural Research, 2016, 8 (12).

［33］ Wang X. L., Chen Y. Q., Sui P., Yan P., Yang X. L., Gao W. S. Preliminary Analysis on Economic and Environmental Consequences of Grain Production on Different Farm Sizes in North China Plain ［J］. Agricultural Systems, 2017 (153).

［34］ Wenang Anurogo, Muhammad Zainuddin Lubis, Hanah Khoirunnisa. Factors Affecting Land Transfer Function and Its Impact on Farmers' Income in Srigading Village, Sanden Sub – district, Bantul Regency ［J］. Journal Pendidikan Geografi, 2019, 24 (1).

［35］ Tesaf, T., Adugna, L. Factors Affecting Entry Intensity in Informal Rental Land Markets in the Southern Tunisia ［J］. Agricultural Economies, 2004 (30).

［36］ Khee Giap Tan, Suo Haoran, Ramkishen S. Rajan. Measuring Agricultural Total Factor Productivity for the Association of Southeast Asian Nations Region ［J］. Int. J. of Technological Learning, Innovation and Development, 2017, 9 (2).

［37］ Chari, A. V., Liu, E., Wang, S. Y., Wang, Y. Property Rights, Land Misallocation and Agricultural Efficiency in China ［R］. Working Paper, 2020.

［38］ Zhao, X. Land and Labor Allocation under Communal Tenure: Theory and Evidence from China ［J］. Journal of Development Economics, 2020 (2).

［39］ Gong, B. Agricultural Reforms and Production in China: Changes in Provincial Production Function and Productivity in 1978 ~ 2015 ［J］. Journal of Development Economics, 2018 (132).

［40］ Moreira, H., Bravo Ureta. Farmland Protection: Effects of Grazing Method and Fertilizer Inputs on the Productivity and Sustainability of Phalaris – based Pastures in Canada ［J］. Animal Production Science, 2016, 13 (8).

［41］ Anik A. R., Rahman S., Sarker J. R. Agricultural Productivity Growth and the Role of Capital in South Asia (1980 – 2013) ［J］. Sustainability, 2017, 9 (3).

［42］ Njuki E., Bravo – Ureta B. E., O' Donnell C. J. A New Look at the Decomposition of Agricultural Productivity Growth Incorporating Weather Effects ［J］. Plos One, 2018, 13 (2).

［43］ Robert, G. Chambers, SimonePieralli, Yu Sheng. The Millennium Droughts and Australian Agricultural Productivity Performance: A Nonparametric Analysis ［J］. American Journal of Agricultural Economics, 2020, 102 (5) .

［44］ Mohammad Salahuddin, Jeff Gow, Nick Vink. Effects of Environmental Quality on Agricultural Productivity in Sub Saharan African Countries: A Second Generation Panel Based Empirical Assessment ［J］. Science of the Total Environment, 2020 (741) .

［45］ Fan, S. Effects of Technological Change and Instituional Reform on Production Growth in Chinese Agricultural Economics ［J］. American Journal of Agricultural Economics, 1991, 73 (2) .

［46］ Fan, S. , Zhang, X. Infrastructure and Regional Economic Development in Rural China ［J］. China Economic Review, 2004, 15 (2) .

［47］ Lin, J. Y. Rural Reforms and Agricultural Growth in China ［J］. American Economic Review, 1992, 82 (8) .

［48］ Fulginiti, L. E. , Perrin, R. K. Prices and Productivity in Agriculture ［J］. Review of Economic Statistics, 1993 (75) .

［49］ Fulginiti, L. E. , Perrin, R. K. Ldc Agriculture: Nonparametric Malmquist Productivity Indexes ［J］. Journal of Development Economics, 1997 (53) .

［50］ Marie Noelle Duquenne, Maria Tsiapa, Valantis Tsiakos. Contribution of the Common Agricultural Policy to Agricultural Productivity of EU Regions During 2004 – 2012 Period ［J］. Review of Agricultural, Food and Environmental Studies, 2019, 100 (3) .

［51］ Ali Bagherzadeh. The Analysis of the Effects of Domestic and Foreign Investment in R&D on Agricultural TFP in Iran ［J］. International Journal of Agricultural Management and Development, 2012, 2 (2) .

［52］ Ababte A A. The Impact of Trade Openness on Poverty via Agricultural TFP in Ethiopia a Sequential Dynamic Computable General Equilibrium Micro Simulation Analysis ［J］. Ethiopian Journal of Economics, 2014 (23) .

［53］ Takeshima, H. , Nin – Pratt, A. , Diao, X. Mechanization and Agricultural Technology Evolution, Agricultural Intensification in Sub – Saharan Africa: Typology of Agricultural Mechanization in Nigeria ［J］. American Journal of Agricultural Economics, 2013, 95 (5) .

［54］Sims, B. , Kienzle, J. Making Mechanization Accessible to Smallholder Farmers in Sub – Saharan Africa ［J］. Environments, 2016, 3（4）.

［55］Bassey, J. Influence of Transportation on Agricultural Productivity in Yakurr L. G. A ［J］. Journal of Resources Development and Management, 2018（50）.

［56］Shankar Ghimire, Kul Prasad Kapri. Does the Source of Remittance Matter? Differentiated Effects of Earned and Unearned Remittances on Agricultural Productivity ［J］. Economies, 2020, 8（1）.

［57］Kul Kapri, Shankar Ghimire. Migration, Remittance, and Agricultural Productivity: Evidence from the Nepal Living Standard Survey ［J］. World Development Perspectives, 2020（19）.

［58］Salim, Hassan, Rahman. Impact of RD Expenditures, Rainfall and Temperature Variations in Agricultural Productivity: Empirical Evidence from Bangladesh ［J］. Applied Economics, 2020, 52（27）.

［59］Kukal, M. S. , Irmak, S. Impact of Irrigation on Interannual Variability in United States Agricultural Productivity ［J］. Agricultural Water Management, 2020（234）.

［60］Carter, C. A. , Chen, J. , Chu, B. Agricultural Productivity Growth in China: Farmlevel Versus Aggregate Measurement ［J］. China Economic Review, 2003, 14（1）.

［61］Chapman, D. , Mccaskill, M. , Quigley, P. , et al. Effects of Grazing Method and Fertilizer Inputs on the Productivity and Sustainability of Phalaris – based Pastures in Western Victoria ［J］. Animal Production Science, 2003, 43（8）.

［62］Eswaran, M. , Kotwal, A. A Theory of Contractual Structure in Agriculture ［J］. The American Economic Review, 1985, 75（3）.

［63］Fenoaltea, S. Peeking Backward: Regional Aspects of Industrial Growth In post – unification Italy ［J］. The Journal of Economic History, 2003, 63（4）.

［64］Chavas, J. P. , Petrie, R. , Roth, M. Farm Household Production Efficiency: Evidencefrom the Gambia ［J］. American Journal of Agricultural Economics, 2005, 87（1）.

［65］ Wu, Bangzheng. An Empirical Analysis of the Impact of Farmland Scale on Agricultural Productivity in China—Based on 2002 – 2016 Panel Data ［A］//Institute of Management Science and Industrial Engineering. Proceedings of 2018 8th International Conference on Education, Management, Computer and Society (EMCS 2018) ［C］. Institute of Management Science and Industrial Engineering (Computer Science and Electronic Technology International Society) , 2018.

［66］ Goodwin, B. K. , Mishra, A. K. Farming Efficiency and the Determinants of Multiple Job Holding by Farm Operators ［J］. American Journal of Agricultural Economics, 2004, 86 (3).

［67］ Battese, G. E. , Broca, S. S. Functional Forms of Stochastic Frontier Production Functions and Models for Technical Inefficiency Effects: A Comparative Study for Wheatfarmers in Pakistan ［J］. Journal of Productivity Analysis, 1997, 8 (4).

［68］ Yuko Nakano, Eustadius F, Magezi. The Impact of Microcredit on Agricultural Technology Adoption and Productivity: Evidence from Randomized Control Trial in Tanzania ［J］. World Development, 2020 (133).

［69］ Diiro Gracious, M. , Seymour Greg, Kassie Menale, Muricho Geoffrey, Muriithi Beatrice Wambui. Women's Empowerment in Agriculture and Agricultural Productivity: Evidence from Rural Maize Farmer Households in Western Kenya ［J］. PloS One, 2018, 13 (5).

［70］ Latruffe, L. , Piet, L. Does Land Fragmentation Affect Farm Performance? A Case Study from Brittany, France ［J］. Agricultural Systems, 2014 (129).

［71］ Ngai, R. L. , C. Pissarides. Structural Change in a Multi – Sector Model of Growth ［J］. American Economic Review, 2007, 97 (1).

［72］ Bardhan, P. , D. Mookherjee. Land Reform and Farm Productivity in West Bengal ［R］. Workingpaper, Boston University, 2008.

［73］ Banerjee, A. V. , P. J. Gertler, M. Ghatak. Empowerment and Efficiency: Tenancy Reformin West Bengal ［J］. Journal of Political Economy, 2002, 110 (2).

［74］ Goldstein, M. , C. Udry. The Profits of Power: Land Rights and Agriculture Investment in Ghana ［J］. Journal of Political Economy, 2008, 116 (6).

［75］ Adamopoulos, A., D. Restuccia. The Size Distribution of Farms and International Productivity Differences ［J］. The American Economic Review, 2014, 104 (6).

［76］ Alfaro, L., A. Charlton, F. Kanczuk. Plant – Size Distributionand Cross – Country Income Differences ［R］. NBER Working Paper No. w14060, 2008.

［77］ Philip Woodhouse. Beyond Industrial Agriculture? Some Questions about Farm Size, Productivity and Sustainability ［J］. Journal of Agrarianchange, 2010, 10 (3).

［78］ Hayami, Yujiro, Vernon W. Ruttan. Agricultural Development: An International Perspective ［M］. Baltimore: The Johns Hopkins Press, 1971.

［79］ Hsieh, C – T., P. J. Klenow. Misallocation and Manufacturing TFP in China and India ［J］. The Quarterly Journal of Economics, 2009, 124 (4).

［80］ Terry, V. D. Seenarios of Central European Land Ttagmentation ［J］. Land Use Poliey, 2003 (20).

［81］ Mark Shucks Mith, Katrina Rønningen. The Uplands after Neoliberalism? The Role of the Small Farm in Rural Sustainability ［J］. Journal of Rural Studies, 2011, 27 (3).

［82］ Siyan Zeng, Fengwu Zhu, Fu Chen, Man Yu, Shaoliang Zhang, Yongjun Yang. Assessing the Impacts of Land Consolidation on Agricultural Technical Efficiency of Producers: A Survey from Jiangsu Province, China ［J］. Sustainability, 2018, 10 (7).

［83］ Žiga Malek, Peter H. Verburg. Adaptation of Land Management in the Mediterranean under Scenarios of Irrigation Water Use and Availability ［J］. Mitigation and Adaptation Strategies for Global Change, 2018, 23 (6).

［84］ Nachuan Lu, Hejie Wei, Weiguo Fan, Zihan Xu, Xuechao Wang, Kaixiong Xing, Xiaobin Dong, Silvio Viglia, Sergio Ulgiati. Multiple Influences of Land Transfer in the Integration of Beijing – Tianjin – Hebei Region in China ［J］. Ecological Indicators, 2018 (90).

［85］ Sen, A. K. Peasants and Dualism with or Without Surplus Labor ［J］. Journal of Political Economy, 1966 (2).

［86］Chayanov, A. V. The Theory of Peasant Economy ［M］. Madison: University of Wisconsin Press, 1986.

［87］Comia, C. A. Farmsize, Land Yields and the Agricultural Production Function: Ananalysis for Fifteen Developing Countries ［J］. Word Development, 1985 (4).

［88］Bardhan, P. K. Size, Productivity and Returns to Scale: An Analysis of Farm – level Data in Indian Agriculture ［J］. Journal of Political Economy, 1973 (81).

［89］Benjamin, D. Can Unobserved Land Quality Explain the Inverse Productivity Relationship ［J］. Journal of Development Economics, 1995 (46).

［90］Kinhi, A. Plotsize and Maize Productivity in Zambia: Is the Rean Inverse Relationship? ［J］. Agricultural Economics, 2006 (1).

［91］Lovo, S. Tenure Insecurity and Investment in Soil Conservation: Evidence from Malawi ［J］. World Development, 2016 (78).

［92］Deininger, K., Ali, D. A., Alemu, T. Productivity Effects of Land Rental Market Operation in Ethiopia: Evidence Fro a Matched Tenant – landlord Sample ［J］. Applied Economics, 2013, 45 (25).

［93］Carter, M. R. Identification of the Inverse Relationship between Farm Size and Productivity: An Empirical Analysis of Peasant Agricultural Production ［J］. Oxford Economic Papers, 1984 (36).

［94］Carlet C. S. Savastano, A. Zezza. Factor Artifact: The Impact of Measurement Errorsont on the Farmsize Productivity Relationship ［J］. Journal of Development Economics, 2013 (7).

［95］Barrett, C. B., M. F. Belle Mare, J. Y. Hou. Reconsidering Conventional Explanations of the Inverse Productivity Size Relationship ［J］. World Development, 2010 (1).

［96］Newell, A., Pandya, K., Symons, J. Farm Size and the Intensity of Land Use in Gujarat ［J］. Oxford Economic Papers, New Series, 1997, 49 (2).

［97］张红宇. 中国农地调整与使用权流转: 几点评论 ［J］. 管理世界, 2002 (5).

［98］姚洋．非农业就业结构与土地租赁市场的发育［J］．中国农村观察，1999（2）．

［99］俞海，黄季焜，Scott Rozelle Loren，Brandt，张林秀．地权稳定性、土地流转与农地资源持续利用［J］．经济研究，2003（9）．

［100］杨德才．工业化农业发展问题研究［M］．北京：经济科学出版社，2002.

［101］丰雷，蒋妍，叶剑平．诱致性制度变迁还是强制性制度变迁——中国农村土地调整的制度演进及地区差异研究［J］．经济研究，2013（6）．

［102］钱忠好，冀县卿．中国农地流转现状及其政策改进——基于江苏、广西、湖北、黑龙江四省（区）调查数据的分析［J］．管理世界，2016（2）．

［103］胡新艳，杨晓莹，王梦婷．农地流转中的禀赋效应及其影响因素：理论分析框架［J］．华中农业大学学报（社会科学版），2017（1）．

［104］赵朝．吉林省西部地区农地流转问题研究［D］．长春：吉林大学，2018.

［105］王倩．粮食主产区农户农地流转行为及影响研究——以河南、山东为例［D］．榆林：西北农林科技大学，2019.

［106］张曙光．土地流转与农业现代化［J］．管理世界，2010（7）．

［107］朱兰兰，蔡银莺．农户家庭生计禀赋对农地流转的影响——以湖北省不同类型功能区为例［J］．自然资源学报，2016（9）．

［108］张忠明，钱文荣．不同兼业程度下的农户土地流转意愿研究——基于浙江的调查与实证［J］．农业经济问题，2014（3）．

［109］谷树忠．农村土地流转模式及其效应与创新［J］．中国农业资源与区划，2009（1）．

［110］黄祖辉，王朋．农村土地流转：现状、问题及对策——兼论土地流转对现代农业发展的影响［J］．浙江大学学报（人文社会科学版），2008（2）．

［111］孟祥远．城市化背景下农村土地流转的成效及问题——以嘉兴模式和无锡模式为例［J］．城市问题，2012（12）．

［112］张明辉，蔡银莺，朱兰兰．农户参与农地流转行为影响因素及经济效应分析［J］．长江流域资源与环境，2016（3）．

［113］王权典，付坚强．新时期农地流转创新模式与市场运行保障机制［J］．华中农业大学学报（社会科学版），2013（5）．

［114］郜亮亮，冀县卿，黄季焜．中国农户农地使用权预期对农地长期投资的影响分析［J］．中国农村经济，2013（11）．

［115］夏显力，王乐，赵敏娟，罗丹．农地由细碎化走向规模化的制度优化及路径——基于农地经营权资本化的视角［J］．西北农林科技大学学报（社会科学版），2013（9）．

［116］于传岗，罗士喜．供给侧视角下中国集体主导型农地流转模式的界定与度量标准［J］．广西社会科学，2017（3）．

［117］翁贞林，阮华．新型农业经营主体：多元模式、内在逻辑与区域案例分析［J］．华中农业大学学报（社会科学版），2015（5）．

［118］牛影影，赵凯，孙晶晶．农村集体建设用地流转模式的比较和优化——基于产权激励视角［J］．经济体制改革，2017（6）．

［119］刘力玮．黑龙江省农村土地流转模式及其优化对策研究［D］．哈尔滨：东北农业大学，2019.

［120］宋辉，钟涨宝．基于农户行为的农地流转实证研究——以湖北省襄阳市312户农户为例［J］．资源科学，2013，35（5）．

［121］叶剑平，丰雷，蒋妍，罗伊·普罗斯特曼，朱可亮．2008年中国农村土地使用权调查研究——17省份调查结果及政策建议［J］．管理世界，2010（1）．

［122］叶剑平，蒋妍，丰雷．中国农村土地流转市场的调查研究——基于2005年17省调查的分析和建议［J］．中国农村观察，2006（4）．

［123］张娟，张笑寒．农村土地承包经营权登记对土地流转的影响［J］．财经科学，2005（1）．

［124］赵阳，李隆伟．农村土地确权登记颁证有关问题探讨［J］．兰州大学学报（社会科学版），2017（1）．

［125］韩家彬，刘淑云，张书凤．农地确权、土地流转与农村劳动力非农就业——基于不完全契约理论的视角［J］．西北人口，2019，40（3）．

［126］张兰，冯淑怡，曲福田．农地流转区域差异及其成因分析——以江苏省为例［J］．中国土地科学，2014（5）．

［127］庄龙玉．农户非农化对土地流转决策的影响［J］．统计与决策，2020，36（4）．

［128］钟晓兰，李江涛，冯艳芬，李景刚，刘吼海．农户认知视角下广东省农村农地流转意愿与流转行为研究［J］．资源科学，2013，35（10）．

［129］石敏，李琴．我国农地流转的动因分析——基于广东省的实证研究［J］．农业技术经济，2014（1）．

［130］侯明利．劳动力流动与农地流转的耦合协调研究［J］．暨南学报（哲学社会科学版），2013（10）．

［131］刘莉君．农村土地流转的国内外研究综述［J］．湖南科技大学学报（社会科学版），2013（1）．

［132］许恒周，郭玉燕．农民非农收入与农村土地流转关系的协整分析——以江苏省南京市为例［J］．中国人口·资源与环境，2011（6）．

［133］冀县卿，钱忠好，葛轶凡．交易费用、农地流转与新一轮农地制度改革——基于苏、桂、鄂、黑四省区农户调查数据的分析［J］．江海学刊，2015（2）．

［134］洪名勇，周欢，龚丽娟．交易成本对农地流转影响的实证研究［J］．广东农业科学，2015，42（24）．

［135］杨成林．交易成本视角下农地流转的机制分析［J］．中州学刊，2014（5）．

［136］曾福生．推进农地流转发展农业适度规模经营的对策［J］．湖南社会学，2015a（3）．

［137］吕晓，臧涛，张全景．土地政策的农户认知及其农地转出响应研究——基于山东省287份农户问卷调查的实证［J］．南京农业大学学报（社会科学版），2017，17（5）．

［138］马婷婷，陈英，宋文．农民土地意识对农地流转及规模经营意愿的影响研究——以甘肃省武威市为例［J］．干旱区资源与环境，2015，29（9）．

［139］徐美银．发达地区农民土地转出意愿影响因素分析——基于浙江省426份调研问卷的实证［J］．南京农业大学学报（社会科学版），2014，14（6）．

［140］薛凤蕊，乔光华，侯安宏．农区与半农半牧区土地流转意愿比较分析——以内蒙古鄂尔多斯市为例［J］．农业技术经济，2010（2）．

[141] 兰勇，蒋黾，杜志雄．农户向家庭农场流转土地的续约意愿及影响因素研究［J］．中国农村经济，2020（1）．

[142] 王佳月，李秀彬，辛良杰．中国土地流转的时空演变特征及影响因素研究［J］．自然资源学报，2018，33（12）．

[143] 吴昊，赵朝．吉林省西部地区农户农地流转行为影响因素研究［J］．东北师大学报（哲学社会科学版），2018（5）．

[144] 王亚辉，李秀彬，辛良杰，谈明洪，蒋敏．中国土地流转的区域差异及其影响因素——基于 2003 - 2013 年农村固定观察点数据［J］．地理学报，2018，73（3）．

[145] 朱建军，郭霞，常向阳．农地流转对土地生产率影响的对比分析［J］．农业技术经济，2011（4）．

[146] 彭继权，吴海涛．土地流转对农户农业机械使用的影响［J］．中国土地科学，2019，33（7）．

[147] 李姗姗，匡远配．农地流转对农业资本深化的实证研究［J］．中国农业资源与区划，2019，40（3）．

[148] 胡初枝，黄贤金，张力军．农户农地流转的福利经济效果分析——基于农户调查的分析［J］．经济问题探索，2008（1）．

[149] 冒佩华，徐骥．农地制度、土地经营权流转与农民收入增长［J］．管理世界，2015（5）．

[150] 田欧南．吉林省农村土地流出主体土地流转前后收入变化分析［J］．吉林大学学报，2013，35（6）．

[151] 张建，诸培新，王敏．政府干预农地流转：农户收入及资源配置效率［J］．中国人口·资源与环境，2016，26（6）．

[152] 钟国辉．农地征收、农地流转与农民人均收入：基于空间滞后模型估计［J］．国土资源科技管理，2016，33（5）．

[153] 夏雯雯，于法稳．耕地流转对家庭收入的影响研究［J］．林业经济，2015（7）：45 - 55.

[154] 刘淑俊，张蕾．土地流转对农民收入影响的经济效应分析［J］．东北农业大学学报（社会科学版），2014，12（6）．

［155］冯应斌，杨庆媛，董世琳等．基于农户收入的农村土地流转绩效分析［J］．西南大学学报（自然科学版），2008（4）．

［156］罗江龙，朱红，王勇刚．从收入分配调整的角度认识农村土地使用权流转［J］．农村经济，2003（5）．

［157］冯炳英．农村土地流转的绩效与发展对策［J］．农业经济问题，2004（4）．

［158］柴志贤，周侠，蔡晓宇．农村土地流转会导致农户收入差距扩大吗？以浙江省杭州市为例［J］．经济研究导刊，2016（5）．

［159］朱建军，胡继连．农地流转对我国农民收入分配的影响研究：基于中国健康与养老追踪调查数据［J］．南京农业大学学报（社会科学版），2015，15（3）．

［160］郭君平等．农村土地流转的收入分配效应［J］．中国人口·资源与环境，2018，28（5）．

［161］李成明，孙博文，董志勇．农户异质性、农地经营权流转与农村收入分配——基于中国家庭追踪调查数据（CFPS）的实证研究［J］．农村经济，2019（8）．

［162］史常亮．土地流转与农户内部收入差距：加剧还是缓解？［J］．经济与管理研究，2020，41（12）．

［163］张宗毅，杜志雄．土地流转一定会导致"非粮化"吗？——基于全国 1740 个种植业家庭农场监测数据的实证分析［J］．经济学动态，2015（9）．

［164］张藕香，姜长云．不同类型农户转入农地的"非粮化"差异分析［J］．财贸研究，2016（4）．

［165］刘志文，石胜璋．"四荒"资源流转开发与扶贫开发［J］．农业经济问题，1999（2）．

［166］蔡洁，夏显力．农地流转真的能够减贫吗？［J］．干旱区资源与环境，2018，32（7）．

［167］夏玉莲，匡远配．农地流转的多维减贫效应分析——基于 5 省 1218户农户的调查数据［J］．中国农村经济，2017（9）．

［168］彭继权，吴海涛，秦小迪．土地流转对农户贫困脆弱性的影响研究［J］．中国土地科学，2019，33（4）．

［169］匡远配，周丽．农地流转与农村减贫——基于湖南省贫困地区的检验［J］．农业技术经济，2018a（7）．

［170］冀县卿，钱忠好．中国农业增长的源泉：基于农地产权结构视角的分析［J］．管理世界，2010（11）．

［171］赵翠萍，侯鹏，张良悦．三权分置下的农地资本化：条件、约束及对策［J］．中州学刊，2016（7）．

［172］樊帆．土地流转与农业生产结构调整关系研究［J］．农业技术经济，2009（4）．

［173］匡远配，周凌．农地流转的产业结构效应研究［J］．经济学家，2016（11）．

［174］王凤祥，张伟．农地流转对我国农业产业结构升级的影响研究［J］．资源开发与市场，2017，33（6）．

［175］江永红，戚名侠．土地流转前后我国农产品结构变化的特征分析［J］．江西社会科学，2017（5）．

［176］王善高，雷昊．土地流转费用上涨对粮食生产的影响研究——基于种植结构调整、农作物品质调整和要素替代的视角［J］．中国农业资源与区划，2019，40（7）．

［177］曾福生．建立农地流转保障粮食安全的激励与约束机制［J］．农业经济问题，2015b（1）．

［178］张藕香．农户分化视角下防止流转土地"非粮化"对策研究［J］．中州学刊，2016（4）．

［179］曾雅婷，吕亚荣，蔡键．农地流转是农业生产"非粮化"的诱因吗？［J］．西北农林科技大学学报（社会科学版），2018，18（3）．

［180］罗必良等．农地流转会导致种植结构"非粮化"吗？［J］．江海学刊，2018（2）．

［181］钱龙等．农地流转影响粮食种植结构分析［J］．农业技术经济，2018（8）．

［182］尹朝静，李谷成，贺亚亚．农业全要素生产率的地区差距及其增长分布的动态演进——基于非参数估计方法的实证研究［J］．华中农业大学学报（社会科学版），2016（2）．

［183］李欠男，李谷成，高雪，尹朝静．农业全要素生产率增长的地区差距及空间收敛性分析［J］．中国农业资源与区划，2019，40（7）．

［184］郭海红，刘新民．中国农业绿色全要素生产率时空演变［J］．中国管理科学，2020，28（9）．

［185］薛超，史雪阳，周宏．农业机械化对种植业全要素生产率提升的影响路径研究［J］．农业技术经济，2020（10）．

［186］李静，孟令杰．中国农业生产率的变动与分解分析：1978～2004年——基于非参数的 HMB 生产率指数的实证研究［J］．数量经济技术经济研究，2006（5）．

［187］张永霞．中国农业生产率测算及实证研究［D］．北京：中国农业科学院，2006.

［188］李谷成，冯中朝，范丽霞．农户家庭经营技术效率与全要素生产率增长分解（1999－2003）——基于随机前沿生产函数与来自湖北省农户的微观证据［J］．数量经济技术经济研究，2007（8）．

［189］田露，张越杰．吉林省农户养猪生产效率分析［J］．吉林农业大学学报，2008.（5）．

［190］肖望喜，李然．中国油料生产的全要素生产率分析［J］．统计与决策，2016（16）．

［191］范丽霞．中国粮食全要素生产率的分布动态与趋势演进——基于1978－2012年省级面板数据的实证［J］．农村经济，2017（3）．

［192］王军，杨秀云．改革开放以来中国农业全要素生产率的动态演进及收敛性分析［J］．统计与信息论坛，2019，34（11）．

［193］王璐，杨汝岱，吴比．中国农户农业生产全要素生产率研究［J］．管理世界，2020，36（12）．

［194］彭甲超，易明，付丽娜．中国农业全要素生产率的再检验——基于省级面板数据农业中间消耗品的分析［J］．中国管理科学，2021，29（6）．

［195］王丽明，孙小龙，贾伟．中国农业企业全要素生产率区域比较及驱动因素分析——基于1126家国家重点龙头企业［J］．中国农业大学学报，2020，25（8）．

［196］王力，韩亚丽．中国棉花全要素生产率增长的实证分析——基于随机前沿分析法［J］．农业技术经济，2016（11）．

［197］李翔，杨柳．华东地区农业全要素生产率增长的实证分析——基于随机前沿生产函数模型［J］．华中农业大学学报（社会科学版），2018（6）．

［198］展进涛，徐钰娇．环境规制、农业绿色生产率与粮食安全［J］．中国人口·资源与环境，2019，29（3）．

［199］张丽，李容．农机服务发展与粮食生产效率研究：2004－2016——基于变系数随机前沿分析［J］．华中农业大学学报（社会科学版），2020（2）．

［200］杨骞，王珏，李超，刘鑫鹏．中国农业绿色全要素生产率的空间分异及其驱动因素［J］．数量经济技术经济研究，2019，36（10）．

［201］李健旋．农村金融发展与农业绿色全要素生产率提升研究［J］．管理评论，2021，33（3）．

［202］李欠男，李谷成，尹朝静．农业绿色全要素生产率增长的分布动态演进［J］．统计与信息论坛，2020，35（10）．

［203］林毅夫．制度、技术与中国农业发展［M］．上海：格致出版社，2011．

［204］葛静芳，李谷成，尹朝静．我国农业全要素生产率核算与地区差距分解——基于 Fare－Primont 指数的分析［J］．中国农业大学学报，2016，21（11）．

［205］肖锐．财政支农对农业绿色生产率的影响研究［D］．武汉：中南财经政法大学，2018．

［206］祖立义，傅新红，李冬梅．我国种植业全要素生产率及影响因素研究［J］．农村经济，2008（5）．

［207］罗浩轩．新常态下中国农业经济增长的三重冲击及其治理路径——基于 1981－2013 年中国农业全要素生产率的测算［J］．上海经济研究，2017（2）．

［208］韦锋，徐源琴．农业税减免与农业全要素生产率——来自中国全面取消农业税的证据［J］．世界农业，2020（12）．

［209］肖望喜，李然．中国油料生产的全要素生产率分析［J］．统计与决策，2016（16）．

［210］韩海彬，张莉．农业信息化对农业全要素生产率增长的门槛效应分析［J］．中国农村经济，2015（8）．

［211］李宗璋．农村基础设施投资对农业全要素生产率的影响研究［D］．广州：华南理工大学，2013．

［212］刘乃郗，韩一军，王萍萍．FDI 是否提高了中国农业企业全要素生产率？——来自 99801 家农业企业面板数据的证据［J］．中国农村经济，2018（4）．

［213］王亚飞，张毅，廖甍．外商直接投资对农业全要素生产率的影响：作用机理与经验证据［J］．当代经济研究，2019（6）．

［214］尹朝静．城镇化、工业化对农业全要素生产率增长的影响研究——来自重庆 37 个县（区）面板数据的证据［J］．重庆大学学报（社会科学版），2020，26（6）．

［215］薛超，史雪阳，周宏．农业机械化对种植业全要素生产率提升的影响路径研究［J］．农业技术经济，2020（10）．

［216］李欠男，李谷成．互联网发展对农业全要素生产率增长的影响［J］．华中农业大学学报（社会科学版），2020（4）．

［217］李明文．要素禀赋、结构升级与农业全要素生产率提升［D］．沈阳：沈阳农业大学，2020．

［218］曹暕．中国农户原料奶生产经济效率分析［D］．北京：中国农业大学，2005．

［219］于伟，张鹏，姬志恒．中国省域农村教育人力资本与农业全要素生产率的空间交互效应——基于空间联立方程的经验分析［J］．中国农业大学学报，2020，25（3）．

［220］孙屹，杨俊孝，刘凯辉．农户农地流转的土地生产效率影响因素实证研究——以新疆天山北坡经济带玛纳斯县为例［J］．干旱区研究，2014，31（6）．

［221］陈杰，苏群．土地流转、土地生产率与规模经营［J］．农业技术经济，2017（1）．

［222］陈园园，安详生，凌日萍．土地流转对农民生产效率的影响分析——以晋西北地区为例［J］．干旱区资源与环境，2015，29（3）．

［223］王晓兵等．中国农村土地流转市场发育及其对农业生产的影响［J］．农业技术经济，2011（10）．

［224］黄祖辉，王建英，陈志钢．非农就业、土地流转与土地细碎化对稻农技术效率的影响［J］．中国农村经济，2014（11）．

［225］王倩，余劲．农地流转背景下粮食生产效率分析［J］．现代经济探讨，2015（11）．

［226］戚焦耳，郭贯成，陈永生．农地流转对农业生产效率的影响研究——基于 DEA－Tobit 模型的分析［J］．资源科学，2015，37（9）．

［227］高欣，张安录，杨欣，李超．湖南省 5 市农地流转对农户增收及收入分配的影响［J］．中国土地科学，2016（9）．

［228］鄢姣，王锋，袁威．农地流转、适度规模经营与农业生产效率［J］．资源开发与市场，2018，34（7）．

［229］陈海磊，史清华，顾海英．农户土地流转是有效率的吗？——以山西为例［J］．中国农村经济，2014（7）．

［230］曾雅婷，吕亚荣，刘文勇．农地流转提升了粮食生产技术效率吗——来自农户的视角［J］．农业技术经济，2018（3）．

［231］蔡荣，朱西慧，刘婷，易小兰．土地流转对农户技术效率的影响［J］．资源科学，2018，40（4）．

［232］顾冬冬，关付新．耕地流转、土地调整与小麦种植技术效率分析——基于随机前沿生产函数和 Tobit 模型的实证［J］．农业现代化研究，2020，41（6）．

［233］史常亮，占鹏，朱俊峰．土地流转、要素配置与农业生产效率改进［J］．中国土地科学，2020，34（3）．

［234］高欣，张安录．农地流转、农户兼业程度与生产效率的关系［J］．中国人口·资源与环境，2017，27（5）．

［235］杨钢桥，张超正，文高辉．耕地流转对农户水稻生产技术效率的影响研究——以武汉都市圈为例［J］．中国人口·资源与环境，2018，28（5）．

［236］李谷成．技术效率、技术进步与中国农业生产率增长［J］．经济评论，2009（1）．

［237］曲朦，赵凯，周升强．耕地流转对小麦生产效率的影响——基于农户生计分化的调节效应分析［J］．资源科学，2019，41（10）．

［238］匡远配，唐文婷，刘志雄．农地流转中资本增密及其风险分析［J］．管理世界，2016（5）．

[239] 郭卫东，关建勋，薛建良．技术进步视角下的土地流转研究［J］．经济问题，2014（7）．

[240] 姚洋．中国农地制度：一个分析框架［J］．中国社会科学，2000（2）．

[241] 朱喜，史清华，盖庆恩．要素配置扭曲与农业全要素生产率［J］．经济研究，2011（5）．

[242] 张丁，万蕾．农户土地承包经营权流转的影响因素分析——基于2004年的15省（区）调查［J］．中国农村经济，2007（2）．

[243] 杨凯育，李蔚青，王文博．现代土地信托流转可行性模式研究[J]．世界农业，2013（4）．

[244] 汪建红，曹建华．农村土地流转机制效应与绩效——以江西为例［J］．江西农业大学学报（社会科学版），2006（4）．

[245] 盖庆恩，程名望，朱喜，史清华．土地流转能够影响农地资源配置效率吗？——来自农村固定观察点的证据［J］．经济学（季刊），2020，20（5）．

[246] 罗必良．农地经营规模的效率决定［J］．中国农村观察，2000（5）．

[247] 贺振华．农户外出、土地流转与土地配置效率［J］．复旦学报（社会科学版），2006（4）．

[248] 田传浩，陈宏辉，贾生华．农地市场对耕地零碎化的影响——理论与来自苏浙鲁的经验［J］．经济学（季刊），2005（2）．

[249] 顾天竹，纪月清，钟甫宁．中国农业生产的地块规模经济及其来源分析［J］．中国农村经济，2017（2）．

[250] 陈训波，武康平，贺炎林．农地流转对农户生产率的影响——基于DEA方法的实证分析［J］．农业技术经济，2011（8）．

[251] 俞文博．新时期农地流转对农业生产率的影响——基于江苏省调研数据的实证分析［J］．广东农业科学，2016，43（4）．

[252] 韩旭东，王若男，杨慧莲，郑风田．土地细碎化、土地流转与农业生产效率——基于全国2745个农户调研样本的实证分析［J］．西北农林科技大学学报（社会科学版），2020，20（5）．

[253] 匡远配，杨佳利．基于农地流转视角的中国农业技术效率分析[J]．南京农业大学学报（社会科学版），2018b，18（2）．

［254］匡远配，杨佳利. 农地流转的全要素生产率增长效应［J］. 经济学家，2019（3）.

［255］张建，诸培新. 不同农地流转模式对农业生产效率的影响分析——以江苏省四县为例［J］. 资源科学，2017，39（4）.

［256］朱建军，张蕾. 农地流转对粮食生产技术效率的影响研究——基于数量和质量双重视角［J］. 农林经济管理学报，2019，18（1）.

［257］钱龙，洪名勇. 非农就业、土地流转与农业生产效率变化——基于CFPS 的实证分析［J］. 中国农村经济，2016（12）.

［258］陈斌开，马宁宁，王丹利. 土地流转、农业生产率与农民收入［J］. 世界经济，2020，43（10）：97 - 120.

［259］Jan Tinbergen. Shaping the World Economy：Suggestions for an International Economy Policy［M］. New York：Twentieth Century Fund，1962.

［260］Solow，R. M. A Contribution to the Theory of Economic Growth［J］. The Quarterly Journal of Economics，1956，70（1）.

［261］Hulten，C. R. Total Factor Productivity. A Short Biography［M］. Chicago：University of Chicago Press，2001.

［262］Farrell，M. J. The Measurement of Productive Efficiency［J］. Journal of the Royal Statistical Society，1957，120（3）.

［263］Coase，R. H. The Nature of the Firm，New Series［J］. Economica，1937，4（16）.

［264］Douglass，C. North Economic Performance Through Time［J］. The American Economic Review，1994，84（3）.

［265］Williamson，O. E. Transaction - Cost Economics：The Governance of Contractual Relations［J］. Journal of Law Economics，1979（22）.

［266］Coase，R. H. The Problem of Social Cost［J］. Journal of Law and Economics，1960，3（10）.

［267］巴泽尔. 产权的经济分析［M］. 上海：上海人民出版社，1997.

［268］威廉姆森. 资本主义经济制度［M］. 北京：商务印书馆，2002.

［269］张五常. 佃农理论：应用于亚洲的农业和台湾的土地改革［M］. 北京：商务印书馆，2000.

［270］North, D. C. Institutions, Institutional Change and Economic Performance ［M］. Cambridge：Cambridge University Press, 1990.

［271］Laitner, John. Earnings within Education Groups and Overall Productivity Growth, Journal of Political Economy ［M］. Chicago：University of Chicago Press, 2000.

［272］亚当·斯密. 国民财富的性质和原因的研究（上卷）［M］. 北京：商务印书馆, 1979.

［273］赫伯特·西蒙. 现代决策理论的基石：有限理性说［M］. 杨烁, 徐立, 译. 北京：北京经济学院出版社, 1989.

［274］谭崇台. 发展经济学［M］. 太原：山西经济出版社, 2001.

［275］Philippe Aghion, Peter Howitt. A Model of Growth Through Creative Destruction ［J］. Econometrica, 1992, 60（2）.

［276］Grossman, G. M., Helpman, E. Innovation and Growth in the Global Economy ［M］. Cambridge：MIT Press, 1991.

［277］Grossman, G. M., Helpman, E. Quality Ladders in the Theory of Growth ［J］. The Review of Economic Studies, 1991, 58（1）.

［278］Jones, C. I. Time Series Tests of Endogenous Growth Models ［J］. The Quarterly Journal of Economics, 1995, 110（2）.

［279］段国蕊, 臧旭恒. 中国式分权、地方政府行为与资本深化——基于区域制造业部门的理论和经验分析［J］. 南开经济研究, 2013（6）.

［280］陈训波. 资源配置、全要素生产率与农业经济增长愿景［J］. 改革, 2012（8）.

［281］周泽宇, 余航, 吴比. 农业生产率测度、无效流转与土地再配置——基于一个"U形"关系的识别［J］. 经济科学, 2019（6）.

［282］李承政, 顾海英, 史清华. 农地配置扭曲与流转效率研究——基于1995－2007浙江样本的实证［J］. 经济科学, 2015（3）.

［283］Kung, K. S. Off－farm Labor Markets and the Emergence of Land Rental Markets in Rural China ［J］. Journal of Comparative Economics, 2002, 30（2）.

［284］王雪琪, 曹铁毅, 邹伟. 地方政府干预农地流转对生产效率的影响——基于水稻种植户的分析［J］. 中国人口·资源与环境, 2018, 28（9）.

［285］郭熙保．"三化"同步与家庭农场为主体的农业规模化经营［J］．社会科学研究，2013（3）．

［286］钱克明，彭廷军．我国农户粮食生产适度规模的经济学分析［J］．农业经济问题，2014，35（3）．

［287］林万龙．农地经营规模：国际经验与中国的现实选择［J］．农业经济问题，2017，38（7）．

［288］马贤磊，仇童伟，钱忠好．农地产权安全性与农地流转市场的农户参与——基于江苏、湖北、广西、黑龙江四省（区）调查数据的实证分析［J］．中国农村经济，2015（2）．

［289］刘文勇，孟庆国，张悦．农地流转租约形式影响因素的实证研究［J］．农业经济问题，2013，34（8）．

［290］申云，朱述斌，邓莹，滕琳艳，赵嵘嵘．农地使用权流转价格的影响因素分析——来自于农户和区域水平的经验［J］．中国农村观察，2012（3）．

［291］毛飞，孔祥智．农地规模化流转的制约因素分析［J］．农业技术经济，2012（4）．

［292］包宗顺，徐志明，高珊，周春芳．农村土地流转的区域差异与影响因素——以江苏省为例［J］．中国农村经济，2009（4）．

［293］贺振华．农地流转中土地租金及其影响因素分析［J］．社会科学，2003（7）．

［294］江淑斌，苏群．农地流转"租金分层"现象及其根源［J］．农业经济问题，2013，34（4）．

［295］王春超，李兆能．农村土地流转中的困境：来自湖北的农户调查［J］．华中师范大学学报（人文社会科学版），2008（4）．

［296］费罗成，高瑞．农地流转市场的发育困境及其应对策略［J］．农村经济与科技，2019，30（18）．

［297］郜亮亮．中国种植类家庭农场的土地形成及使用特征——基于全国31省（自治区、直辖市）2014～2018年监测数据［J］．管理世界，2020，36（4）．

［298］陈和午，聂斌．农户土地租赁行为分析——基于福建省和黑龙江省的农户调查［J］．中国农村经济，2006（2）．

［299］骆东奇，朱莉芬，李颖慧．农村土地市场型流转模式设计与风险防范［J］．生产力研究，2009（19）．

［300］夏兴，李隆伟，马铃. 用大数据完善农地流转市场价格机制［J］. 中国信息界，2018（1）.

［301］Bjurek Hans. The Malmquist Total Factor Productivity Index［J］. Social Science Electronic Publishing，1996，98（2）.

［302］Caves，D. W.，Christensen，C. L.，Diewert，E. W. The Economic Theory of Index Numbers and the Measurement of Input，Output and Productivity［J］. Econometrica，1982（50）.

［303］Wu，David，Y. H. Changing Chinese Foodways in Asia［M］. Hong Kong：Chinese University Press，2001.

［304］Soriano，F. A.，Rao，D. S. P.，Coelli，T. On Aggregation of Total Factor Productivity Measures［C］. Economic Measurement Group Workshop Centre for Applied Economic Research，2003.

［305］程惠芳，陆嘉俊. 知识资本对工业企业全要素生产率影响的实证分析［J］. 经济研究，2014（5）.

［306］周志专. 中国农业利用 FDI 的生产率效应研究［D］. 武汉：武汉大学，2014.

［307］陈鸣. 中国农业科技投入对农业全要素生产率的影响研究［D］. 长沙：湖南农业大学，2017.

［308］Barro，R. J.，Lee，J. W. International Data on Educational Attainment Updates and Implications［C］. National Bureau of Economic Research，Inc.，2000.

［309］董志强，魏下海，张天华. 创业与失业：难民效应与企业家效应的实证检验［J］. 经济评论，2012（2）.

［310］陈强. 高级计量经济学及 stata 应用（第二版）［M］. 北京：高等教育出版社，2014.

［311］崔新蕾. 农地城市流转效率研究［D］. 武汉：华中农业大学，2012.

［312］陈章喜. 农地承包经营权流转效率：学理与实证［J］. 暨南学报（哲学社会科学版），2014，36（1）.

［313］夏玉莲，匡远配，曾福生. 农地流转、区域差异与效率协调［J］. 经济学家，2016（3）.

[314] 李涛. 土地城乡流转的效率评价、区域差异与激活机制：江苏例证 [J]. 改革，2018（10）.

[315] 韩久莹. 湖北省农地城市流转效率空间差异及流转模式识别 [D]. 武汉：华中农业大学，2019.

[316] 匡远配，陆钰凤. 我国农地流转"内卷化"陷阱及其出路 [J]. 农业经济问题，2018c（9）.

[317] 顾焕章，王培志. 农业技术进步对农业经济增长贡献的定量研究 [J]. 农业技术经济，1994（5）.

[318] 郭卫东. 我国农业科研投资对农业的影响分析 [J]. 经济问题，2015（8）.

[319] 许经勇. 我国农业科技进步的理论思考 [J]. 宏观经济研究，2000（10）.

[320] 王伟，杜永善. 农业技术进步对西北地区农业经济增长影响的实证研究 [J]. 新疆农垦经济，2011（7）.

[321] 杭帆，郭剑雄. 人口转型、技术进步与中国农业的可持续增长 [J]. 西北农林科技大学学报（社会科学版），2016，16（1）.

[322] 张宽，邓鑫，沈倩岭，漆雁斌. 农业技术进步、农村劳动力转移与农民收入——基于农业劳动生产率的分组 PVAR 模型分析 [J]. 农业技术经济，2017（6）.

[323] 刘颖. 农地流转对农业生产及农民收入的影响 [D]. 兰州：兰州大学，2018.

[324] 唐轲. 农户农地流转与经营规模对粮食生产的影响 [D]. 北京：中国农业科学院，2017.

[325] 陈平，殷明明，王伟. 汇率错位、技术进步与经济增长 [J]. 国际金融研究，2018（1）.

[326] 温忠麟，叶宝娟. 中介效应分析：方法和模型进展 [J]. 心理科学进展，2014（5）.

[327] 张宇青，周应恒，易中懿. 农村金融发展、农业经济增长与农民增收——基于空间计量模型的实证分析 [J]. 农业技术经济，2013（11）.